Ralf Düring

Das kriegen wir wieder hin

Unsere Erlebnisse mit einer alten Bandholm 28

Überarbeitete Auflage Dezember 2015

Herstellung und Verlag:
BoD – Books on Demand, Norderstedt
ISBN 978-3-7357-5791-3

Inhaltsverzeichnis

Vorwort

Mit diesem Kapitel habe ich mich ganz besonders schwer getan. Üblicherweise werden an dieser Stelle Anlass und Zielsetzung des vorliegenden Werkes dargestellt. Was aber will ich mit diesem Buch bewirken?

Grübelnd stand ich mal wieder zu Hause vor dem Regal voller Bücher zum Thema Segeln. Da gab es Revierführer, Reise- und Erlebnisberichte, aber auch Lehrbücher. Außerdem standen dort Bücher zu allen technischen Aspekten des Segelns.

Nein, noch so ein Buch sollte es nicht werden, zumal andere das viel besser können als ich und mehr Erfahrung haben. Was dann?

Mal ehrlich, gehören Sie auch zu denjenigen, die im Hafen gerne diese Steggespräche führen? Was ist das für ein Boot, wo kommt es her, wie alt ist es? Was hat es für eine Maschine, wie wurde das eine oder andere technische Problem gelöst? Welcher Lack wurde verwendet, welche Politur?

Ich selbst liebe es, über die Stege zu schlendern und mir Boote auf der Suche nach Anregungen anzusehen. Allein dadurch habe ich schon einige Tipps für Verbesserungen an unserem Boot erhalten. Ist jemand an Bord, kommt es auch vor, dass ich denjenigen anspreche und frage, ob ich mir das Boot einmal ansehen dürfe. Noch nie wurde mir diese Bitte verweigert. Erst einmal an Bord, wird mir alles gezeigt und alle Fragen werden geduldig beantwortet.

Es gibt eine unübersehbare Vielzahl von Serienyachten. Trotzdem gleicht keine Yacht eines Typs einer anderen desselben Typs aufs Haar. Hier sind Leinen anders geführt, dort Beschläge anders angeordnet. Das setzt sich unter Deck fort, bis aus einem Serienschiff ein Unikat geworden ist, ein Schiff, dass der Eigner nach seinen Wünschen, Vorstellungen und Erfahrungen gestaltet hat, um eines Tages damit seine Fahrten zu unternehmen. Diesen Weg, das ist es, was ich am Beispiel unseres Bootes hier beschreiben möchte. Im Vordergrund steht damit das Boot, weniger die Reisen, die damit gemacht werden. Die kommen aber bestimmt, denn dafür ist das Boot ja schließlich da.

Durch dieses Buch erhebe ich nicht den Anspruch, alles auf die einzig richtige Art und Weise gemacht zu haben, dafür gibt es einfach zu viele Alternativen. Das fängt schon bei der Auswahl des eigenen „Traumbootes" an. Aber eine Anregung kann es allemal sein!

Vorwort zur zweiten Auflage

Es sind jetzt eineinhalb Jahre vergangen und es hat mich ebenso überrascht wie gefreut, dass das Buch tatsächlich Interessenten gefunden hat und gekauft worden ist. Auch habe ich die eine oder andere persönliche Rückmeldung erhalten, die durchaus positiv ausgefallen sind.

Dies habe ich zum Anlass genommen, zum einen die leider trotz häufigen Korrekturlesens immer noch vorhandenen Schreibfehler zu beseitigen, Berichtigungen und Ergänzungen einzuarbeiten und zum anderen einen kleinen Ausblick zu geben, wie es weiter gegangen ist - denn irgendwas ist immer!

Wie alles begann

Ich komme gar nicht von der Küste. Ich bin Schleswig-Holsteiner mit ostwestfälischem Migrationshintergrund. Geboren und aufgewachsen in Bielefeld hatte ich, abgesehen von den Sommerferien an Nord- und Ostsee, keinerlei Berührung mit dem Meer. Dort allerdings haben mich die vielen verschiedenen Schiffe und Wasserfahrzeuge jeglicher Art schon immer fasziniert. Im Nachhinein ist es daher für mich völlig unverständlich, dass ich nach dem Wechsel von der Universität Bielefeld zur Christian-Albrechts-Universität Kiel dieser Leidenschaft nicht in irgendeiner Form nachgekommen bin. Drei Jahre lang wohnte ich in Sichtweite der Kieler Förde und habe mir nichts dabei gedacht.

Nach Beendigung des Studiums lernte ich während des Vorbereitungsdienstes für den öffentlichen Verwaltungsdienst meinen Freund Jörg kennen, der bereits damals ein erfahrener Segler und aktives Mitglied im Akademischen Segelverein Kiel war.

Die erste Besichtigung eines Vereinsbootes im Winterlager 1987/88 hat dann gereicht, um in mir den Wunsch nach einem eigenen Segelboot zu wecken.

Nach dem Erwerb eines Segelscheines und ersten Erfahrungen auf Conger- und VB-Jollen machte ich mich auf die Suche. Das anfänglich sehr bescheidene Einkommen ließ die Traumschiffe in einem schier unüberschaubaren Markt im Laufe der Zeit immer kleiner werden.
1991 war es schließlich soweit. Ein kurzer Artikel in der

„Yacht" fand mein Interesse. Darin wurde die neue Albatros 570 der Firma Albatros-Boote vorgestellt. Die wollte ich mir einmal genauer ansehen. Mit meinem Freund Jörg fuhr ich nach Düsseldorf zur Bootsausstellung. Der Firmenchef, Herr Hänsel, war sehr freundlich und hat sich mehr als eine Stunde Zeit genommen, uns über dieses doch eher kleine Boot ausgiebig zu informieren.

Nachdem ich ein paar Tage darüber geschlafen hatte, nahm ich das Angebot von Herrn Hänsel an und kaufte das Ausstellungsboot der Friedrichshafener Bootsmesse zum Sonderpreis. Damit war ich nun stolzer Bootsbesitzer.

Mit diesem Boot, einem 5,70 m langen trailerbaren Kielschwerter befuhr ich die küstennahen Gewässer Schleswig-Holsteins, aber auch den Limfjord und das niederländische Friesland. Den Kauf habe ich nie bereut, es war ein schönes Boot, auf dem ich mich immer sicher gefühlt und mit dem ich viele schöne Erfahrungen gemacht habe. Das Boot befand sich danach noch einige Zeit in Familienbesitz, es wurde von meinem Schwager auf der Schlei gesegelt, heute ist der große Plöner See sein Heimatrevier..

In der Zwischenzeit haben meine Freundin Andrea und ich geheiratet und sind in unser neues Eigenheim in der Nähe der Schlei gezogen. Nach der Geburt unseres Sohnes Erik standen wir vor der Entscheidung, entweder die Albatros zu behalten, dann aber die nächste Zeit nur auf der Schlei segeln zu können, oder aber ein größeres und sicheres, v.a. selbstaufrichtendes Boot mit Platz für uns drei anzuschaffen. Da Andrea ebenfalls segelbegeistert ist, fiel die Entscheidung zugunsten eines größeren Bootes aus.

Diesmal musste ich anders an das Thema herangehen. Das neue Boot sollte uns beiden gefallen, außerdem bedeutete ein größeres Boot höhere Anschaffungs- und Folgekosten. Ein neues Boot wie beim ersten Mal kam aus finanziellen Gründen nicht in Frage und ein Fehlkauf musste unbedingt vermieden werden.

Dazu legten wir ein paar Eckpunkte fest. Das Boot sollte zwischen 7 und 8 m lang sein, sicher und stabil für die kleine Familie, für Anfänger geeignet und ca. 25.000 DM kosten.

Mit diesen Vorstellungen wandte ich mich ratsuchend an erfahrene Segler aus unserem Verein. Überraschenderweise fiel das Votum eindeutig aus: wir sollten uns mal eine Bandholm 24 ansehen. Das wäre ein robustes und gutmütiges Boot mit einem gemütlichen Innenausbau aus Teak. Die erste Besichtigung einer BA 24 in der Nähe von Lübeck war ernüchternd. Das Boot war komplett selbst ausgebaut, also nicht, wie damals üblich, mit den Originalteilen von der Werft. Das sah sehr nach „Bananenkiste" aus. Ein Kocherbrand hatte Teile der Innenverkleidung angesengt und der Außenborder der Marke „König" gehörte ins Museum. Gleichwohl reichte uns dieser erste Eindruck um zu erkennen, dass die Bandholm vom Platzangebot und Aussehen (wir sind da eher etwas traditionell veranlagt) zu uns passen würde. Nun kam es darauf an, ein vernünftiges Exemplar aufzutreiben.

Hilfe fand ich bei einem Arbeitskollegen, in dessen Segelverein drei Boote dieses Typs zum Verkauf standen. Schnell fiel unsere Wahl auf eine, deren Zustand als zufriedenstellend bezeichnet werden konnte, und die als einzige über eine Einbaumaschine verfügte. Nach einer Probefahrt und ein bisschen Verhandeln schlugen wir zu und überführten im Juli 1998 unser neues Boot, die „Njord", von Kiel in die Schlei. Es folgten schöne und glückliche Jahre, die uns häufig in die Dänische Südsee, aber auch bis Middelfart, Nordlangeland und Flensburg führten. Im Laufe von 13 Jahren führte ich größere und kleinere Veränderungen und Modernisierungen nach meinen Vorstellungen und den gesammelten Erfahrungen durch, ohne das Boot jedoch zu verbasteln. Die teuersten Maßnahmen bestanden im Austausch der alten Segel, der Sprayhood und der Kuchenbude sowie des alten Farymann Einbaudiesels.

Damit war das Boot nach meinen Vorstellungen bestens in Schuss und ausgerüstet und ich beschäftigte mich erstmals mit der Idee, meine Erfahrungen zu Papier zu bringen. Gerade hatte ich angefangen, die ersten Zeilen zu formulieren, da geschah das Unglaubliche, das Unfassbare: wir kauften uns ein neues altes Boot. Ich kann nicht leugnen, dass es sich hier und da schon abzeichnete, zumindest schon andeutete, auch wenn ich es zunächst nicht wahr haben wollte. War ich anfangs sicher, mit unserer BA 24 das „Boot für`s Leben" gefunden zu haben, stellten wir vor allem in den letzten zwei Jahren fest, dass 24 Fuß für drei Erwachsene (unseren Sohn zähle ich einfach mal dazu, hatte er doch im Alter von 14 Jahren die 1,70 Metermarke längst geknackt) auf einem dreiwöchigen Urlaubstörn ganz schön eng sein können. Auch für mich mit 2 m Körpergröße wurde es zunehmend schwieriger, mit der nur 1,93 m langen Koje zurecht zu kommen.

Bei den jährlich stattfindenden Treffen der Bandholm Klassenvereinigung hatten wir mehrfach Gelegenheit, uns eine

Bandholm 28 anzusehen. Wow, die bot vielleicht viel Platz. Sie war genauso wie die 24er, nur eben alles etwas größer. Wenn überhaupt ein neues größeres Boot, dann sollte es eine BA 28 werden, da waren wir uns sicher.

Nun war es nicht so, dass wir bewusst und gezielt nach einem neuen Boot Ausschau hielten, hatten wir doch unsere „Njord" gerade in der letzten Zeit mit erheblichem finanziellen Aufwand modernisiert. Auch musste man erst einmal eine vernünftige BA 28 zu einem fairen Preis finden, wurden von diesem Typ doch nur 110 Stück gebaut.

Sporadisches Stöbern auf den Internetseiten der Bandholm-Klassenvereinigung und auf Scanboat.com führten zu der Erkenntnis, dass in Deutschland nur sehr selten 28er angeboten wurden, die Schiffe in Dänemark aber entweder grottenschlecht oder wahnsinnig teuer waren. Im Oktober 2011 stieß ich zufällig auf eine Anzeige in der „Yacht". Dort wurde in Sonderburg eine Bandholm 28 zu einem auf den ersten Blick interessanten Preis angeboten. Sollten wir? Sonderburg ist nicht weit weg und fragen kostet nichts. Die Kontaktaufnahme gestaltete sich anfangs etwas umständlich. Bjarne, der dänische Eigner, hatte nach einem Schlaganfall (der auch der Grund für den Verkauf war) sprachliche Probleme, die eine Verständigung trotz unserer vorhandenen Dänischkenntnisse erheblich erschwerten. Der deutsch sprechende Schwiegersohn lebt in Kopenhagen und konnte maximal vermitteln. Besser wurde es, nachdem Bjarne`s Nachbar eingeschaltet wurde. Ole war freundlich, immer gut gelaunt und sehr hilfsbereit. Über ihn wurde eine erste Besichtigung arrangiert, die in der Marina von Sonderburg stattfand, da das Boot sich noch im Wasser befand.

Auf der Fahrt nach Hause waren Andrea und ich uns relativ
sicher, dieses Boot nicht gegen unsere schöne „Njord"
einzutauschen. Es hatte einfach nicht richtig „klick" gemacht.
In der nächsten Ausgabe der „Yacht" zwei Wochen später
wurde die BA 28 immer noch angeboten, der Preis war jedoch
um sage und schreibe 5.000 € gefallen. Ein Notverkauf?
Sollten wir doch? Wir wollten das Boot noch einmal gründlich
unter die Lupe nehmen und holten uns für eine erneute
Besichtigung Verstärkung. Ich konnte Toni überreden, mich zu
begleiten. Toni, in einem seiner früheren Leben auch mal als
Bootsbauer tätig, war einer derjenigen, die mir seinerzeit zu
einer Bandholm geraten hatten.
Toni ist ein wortkarger Mann. Bevor er lange über eine Sache
redet, macht er sie lieber. Umso erstaunter war ich, als er ein
Gespräch mit mir begann.
„Weißt du eigentlich, auf was du dich da einlässt?" fragte er
mich. Mit dieser Frage konnte ich nicht so viel anfangen,
deshalb fragte ich nach:
„Was meinst du?"
„Hast du schon einmal eine 28er gesegelt, und bist du dir
darüber im Klaren, dass ihr euch umstellen müsst? Sie ist
größer und schwerer und reagiert anders als die Kleine."
Was sollte das nun wieder? Wollte er mir die 28 er ausreden?
Der Schritt von der BA 24 zur BA 28 ist schließlich nicht zu
groß, oder? Die Segel- und Manövriereigenschaften sind auch
kein Geheimnis, es sind im Laufe der Zeit zahlreiche
Testberichte veröffentlicht worden. Ich erwartete nach den
Erfahrungen mit der 24er keine Überraschungen. Dies und die
Bestätigung, ich sei schon mal eine BA 28 gesegelt, erwiderte
ich ihm. Letzteres stimmte nicht so ganz, war ich bisher doch
nur einmal mit gesegelt. Zum jetzigen Zeitpunkt und Stand der

Dinge meinte ich jedoch, auf solche Feinheiten nicht extra hinweisen zu müssen. Für den Rest der Fahrt schwieg Toni dann wieder.

In der Marina von Sonderburg angekommen, machte sich Toni gleich an die Arbeit.

„Die sieht ja noch gut aus." meinte er mit Verweis auf den glänzenden weißen Rumpf.

„Die ist bestimmt lackiert."

War das gut oder schlecht? Die Antwort kam sofort.

„Ich würde mir nie ein lackiertes Schiff kaufen. Mit einer Lackierung versucht man nur etwas zu verbergen. Es geht nichts über das Original-Gelcoat." sagte er bestimmt.

Nun ja, man kann nicht alles haben. Wir waren früh dran, Bjarne und Ole waren noch nicht da. Toni machte sich mit einer Lupe (er hatte aber auch an alles gedacht) daran, die besonders belasteten Stellen von Deck und Aufbau auf Haarrisse zu untersuchen. Nichts, alles in Ordnung. Als dann alle da waren, ging es unter Deck. Während Toni mit Taschenlampe und Lupe hinter alle Schapps und unter alle Bodenbretter sah, saß ich wie unbeteiligt daneben. Ich zuppelte nur mal hier und mal da und machte belanglose Bemerkungen. Ab und zu stellte Toni eine Frage, die Bjarne jedesmal mit einem einsilbigen „ja" beantwortete. Nicht sehr ergiebig. Ole war da schon auskunftsfreudiger und stellte das Boot in den schönsten Farben dar. Ich verließ mich völlig auf Toni, mein Gehirn war leer, ich beobachtete nur, als ginge mich das alles nichts an.

Beim anschließenden Kaffee bei Ole vereinbarten wir, in der kommenden Woche noch einmal wieder zu kommen, wenn das Boot an Land steht, um uns das Unterwasserschiff anzusehen. Auf der Fahrt nach Hause fragte ich Toni nach seinem

Eindruck.

„Sie ist lackiert!"

Okay, das hatten wir schon, aber sonst?

„Der Motor ist gut, aber der Wassersammler, he is twei", was soviel heißen sollte wie ist im Eimer. Die Innenschale der Bodengruppe im Bereich des Hauptschotts zeigte ein, zwei feine Haarrisse, die auf eine Überbelastung an dieser Stelle hindeuten. Ob das mal durch hartes Segeln oder eine Grundberührung entstanden ist, kann man erst sagen, wenn wir uns den Kiel angesehen haben. Gegen eine Grundberührung spricht allerdings, dass die Bilge keinen einzigen Haarriss oder eine Abplatzung im Bereich der Kielbolzen aufweist. Also nicht ganz hoffnungslos!!

Diese Besichtigung und die Überprüfung des Unterwasserschiffs eine Woche später zeigten, dass das Boot zwar altersbedingte Macken hatte, aber keine strukturellen Schäden aufwies. Das war schon mal wichtig, sollte das Boot doch nicht gleich beim ersten Törn auseinander brechen. Den Preis konnten wir noch ein wenig herunter handeln, und nachdem wir die Zusicherung erhalten hatten, das Boot im Winter kostenfrei in Sonderburg stehen und im Frühjahr zu Wasser lassen und segelklar machen zu können, musste die Entscheidung fallen: ja oder nein.

Nachdem wir noch einmal die Vor- und Nachteile gegeneinander abgewogen haben, sagten wir ja und waren im November Besitzer zweier Bandholm Segelyachten.

Die Bandholm 28

Allgemeines:

Die Bandholm 28 wurde in den Jahren 1971 – 1979 auf der Mariboat Werft in Maribo auf Lolland in Dänemark hergestellt. In dieser Zeit entstanden dort 110 Boote dieses Typs.

Entworfen von dem bekannten Konstrukteur Knud Olsen war die BA 28 von Anfang an als reines Fahrtenboot gedacht. So wird das Boot in dem Verkaufsprospekt der Mariboat Werft auch als außerordentlich steife und hochseetüchtige Yacht bezeichnet. Für damalige Verhältnisse schon ein recht großes Boot, wird die 28er in heute erscheinenden Gebrauchtbootvorstellungen in den Fachzeitschriften zuweilen als kleiner Küstenkreuzer bezeichnet. Ja, so ändern sich die Zeiten.

Sie misst 8,60 m in der Länge, 2,80 m in der Breite und geht 1,50 m tief. Das Gewicht wird mit 3,6 to angegeben, vermutlich wird es aber keine BA 28 unter 4 to geben. Das Unterwasserschiff ist geprägt durch einen mittellangen Flossenkiel, ein freistehendes Ruder mit großem Skeg sowie einem S-Spant. Über Wasser wirkt das Boot klassisch. Der Testbericht in der „Segeln", Ausgabe 8/2012, formuliert es so: „Insgesamt wirkt die Linienführung auch heute noch sehr harmonisch. Der lange Aufbau mit den vier schmalen Seitenfenstern fügt sich elegant in den markanten Decksprung und der regelfreie Rumpf ist in seinem Längen-Breitenverhältnis angenehm zeitlos. Genau wie der überhängende Bug und das heute wieder modern steil abfallende Heck."

Ein hohes Süllbord mit umlaufender Scheuerleiste aus Teak,

eine massive Seereling und lange Handläufe auf dem Aufbau unterstreichen die Fahrtentauglichkeit.

In Cockpit bieten lange Bänke viel Platz für die Crew und eine große Backskiste an Steuerbord sowie zwei kleinere im Heckbereich stellen genügend Stauraum zur Verfügung. Ein großer Ankerkasten nimmt neben einem vernünftig dimensionierten Anker auch Festmacher und Fender auf.

Der knapp 12m lange, 15/16 getakelte Seldenmast aus Aluminium steht an Deck, wird durch Achterstag, Oberwanten, doppelte Unterwanten und doppelte Vorstagen gehalten und trägt am Wind 35,43 m² Segelfläche.

Bauausführung:

Viele Bandholmyachten segeln auch heute noch ohne erkennbare Ermüdungs- oder Alterserscheinungen. Der Grund dafür liegt in der überaus soliden Bauausführung. Unter Verwendung sehr guter Harze wurde der Rumpf massiv im Handauflegeverfahren laminiert. Das Ergebnis war ein sehr stabiler Rumpf mit großer Laminatstärke. Der mit 10 Edelstahlbolzen angebolzte, 1,6 to schwere Bleikiel wurde nach dem Verschrauben überlaminiert und so fest in die Rumpfstruktur integriert. Deck und Aufbau wurden in Sandwichbauweise mit einem Kern aus Divinycell-Schaum hergestellt. Dieser Schaum erzeugt eine feste Struktur und verrottet bei kleinen Undichtigkeiten nicht, da er keine Feuchtigkeit annimmt. Rumpf und Deck wurden miteinander verklebt.

Unter Deck:

Kommt man den dreistufigen Niedergang herunter, so sieht man sich einer klassischen Raumaufteilung gegenüber. Die ist jedoch so geschickt in die Abmessungen des Rumpfes gebaut, dass man sich auf einem größeren Schiff wähnt. Der gesamte Ausbau ist sehr solide in Teakholz ausgeführt. Nirgends ist nacktes Laminat zu erkennen, lediglich der Fußraum besteht aus einer GFK-Innenschale.

An Steuerbord befindet sich die Pantry. Die L-förmige Arbeitsplatte wird bis unter den Niedergang geführt und dient dort gleichzeitig als oberste Stufe. So entsteht eine recht große Pantry, ohne das zu viel Platz im Salon verloren geht. Kocher, Spüle, Eisbox und zwei weitere Staufächer lassen sich durch passende Teakplatten verschließen, so dass eine große, ebene und aufgeräumte Fläche entsteht.

An Backbord gegenüber befindet sich eine Hundekoje, die bis unter das Cockpit reicht und zum Salon durch ein Teilschott abgetrennt ist. Dieses dient gleichzeitig als Auflage für den Navigationstisch, der über der Hundekoje ausgezogen werden kann. Der Navigationstisch enthält ein Fach für Seekarten. Nach vorn schließt sich der Salon mit zwei Längssofas und einem großen, feststehenden Salontisch an, in den ein Fach für Flaschen, von mir „Minibar" genannt, eingelassen ist und dessen Seiten abgeklappt werden können.

Die Rückenlehnen der Sofas lassen sich hochklappen, wodurch zwei großzügige Kojen entstehen. Bei einigen Booten lässt sich das Backbordsofa ausziehen, dadurch erhält man hier eine Doppelkoje.

Salon und Vorschiff sind durch das Hauptschott getrennt. Zunächst gelangt man in den Zwischenraum, an dessen Backbordseite sich das WC befindet. Über dem WC wurde ein Ausziehwaschbecken eingebaut, außerdem Schapps für Toilettenuntensilien. Gegenüber befindet sich in dieser Version ein großzügiger Kleiderschrank, es gibt aber auch eine

Ausführung, bei der sich hier ein großes festes Waschbecken befindet. Dafür fällt aber dann der Kleiderschrank weg. Hier in diesem Zwischenraum steht auch die Maststütze aus einer massiven Teakbohle, die den Mast von unten abstützt.
Durch einen weiteren Durchgang gelangt man zur vorderen Kammer, die durch eine große V-Koje ausgefüllt wird. Ein passgenaues Einlegebrett vergrößert die Liegefläche noch einmal. Über den Kojen befinden sich unter den Laufdecks Schwalbennester, die weiteren Stauraum bieten.

(Vgl. Yacht Ausgabe 25-26/76, Yacht Ausgabe 4/2010, Palstek Ausgabe 1/05, Segeln Ausgabe 8/2012)

Unsere Bandholm 28

Soweit die Beschreibung der Bandholm 28. Aber warum nun sollte es ausgerechnet dieser Bootstyp sein?

Beim Kauf der kleinen Bandholm habe ich mich leiten und beraten lassen. Im Laufe der Jahre hatten wir aber das gutmütige Segel- und Seeverhalten schätzen gelernt. Wir fühlten uns sicher und Dank des gemütlichen Innenausbaus auch sehr wohl. Das Boot war stabil und konnte einiges ab. Sicher, die 24er war nach heutigen Maßstäben nicht schnell, aber das stand für uns auch nie im Vordergrund. Wenn schon ein neues Boot, dann sollte es genau so sein, nur eben größer. So bot sich fast zwangsläufig die BA 28 an. Und nun stand sie da. Fremd war sie mir, hier, in diesem trostlosen, herbstlichen Sonderburg. Im Gegensatz zur „Standardversion" weist sie einige Abweichungen auf. Bug- und Heckkorb sind etwas größer und massiver. Die zwei Türen, die normalerweise Salon, WC-Raum und Vorschiff voneinander trennen, fehlten. Stattdessen gab es dort Vorhänge. Unter der Salondecke fehlten auch die sonst üblichen Handläufe. Der Rumpf ist spritzlackiert, Deck und Aufbau sind noch original.

Wir begannen zunächst damit, das Schiff komplett leer zu räumen. Danach machte ich eine Bestandsaufnahme. Den völlig vergammelten Wassersammler im Auspuffsystem und das blinde Kompassglas hatten wir schon bei der Besichtigung bemerkt. Auch das fehlende Ausziehwaschbecken über der Toilette hatte ich gesehen. Das Loch in der Platte war noch da, darunter hatte jemand einen flachen Kasten gebaut, so entstand eine Art Schublade.

Aber nun ging es los. Völlig geschockt war ich, als ich nach dem Abnehmen der Vorhänge entdeckte, dass die Fenster z.T. undicht waren. Eines davon bereits so sehr, dass die Holzverkleidung innen an einer Stelle schon vom festen in den bröseligen Zustand übergegangen ist. Der Wassereintritt war so massiv, dass das Wasser den Weg bis unter die Salonkoje und in die Bilge gefunden hatte.

Ich hätte es wissen müssen, hatte ich doch die baugleichen Fenster auf unserer „Njord" aus eben diesem Grunde schon teilweise saniert und erneuert. Wohl aufgrund der großen Feuchtigkeit und des hohen Alters hielt die Vinyl-Deckenverkleidung nicht mehr richtig und hing in Beulen von der Decke.

Die Stromversorgung war ebenfalls eine Sache für sich. Es waren eine kleine Starter-, sowie zwei parallel geschaltete Verbraucherbatterien vorhanden. Aber was waren das für Dinger! Sie waren riesig, so riesig, dass die Kojenauflage der Hundekoje, unter der sich das Batteriefach befindet, gar nicht richtig aufliegen konnte. Aus diesem Grunde hatte man wohl auch auf einen ebenen Boden, auf dem die Batterien fixiert werden könnten, verzichtet. So lagen alle drei Batterien lose unter der Hundekoje. Das Batterieladegerät war zwar geregelt, hatte aber nur einen Ausgang. Der Landstromanschluss hingegen war absolut in Ordnung und mit einem vernünftigen FI-Schalter versehen.

Die Schläuche sowohl für die Seetoilette, als auch für die durchaus brauchbare Handlenzpumpe Gusher 10 von Whale waren für ihren jeweiligen Zweck völlig ungeeignet und im Laufe der Zeit gelblich, hart und spröde geworden. Einen besonderen Clou entdeckte ich bei der Verfolgung der

Schläuche für die Lenzpumpe durch das Boot. Das Wasser wurde in der Bilge angesaugt und durch die Pumpe geführt, der daran anschließende Schlauch hatte jedoch gar keinen Auslass nach draußen??! Dieser wurde mal abgeklemmt und als Auspuff für die Dieselheizung verwendet, die aber gar nicht mehr da war!! Das Wasser folgte also einem „inneren Kreislauf" von der Bilge Richtung Heck und von dort läuft es wieder zurück in die Bilge!! Wer macht denn so was? Danach kam es auf die restlichen Kleinigkeiten auch nicht mehr an. So waren die hölzernen Handläufe an Deck an mehreren Stellen angebrochen, die Festmacherklampen passten mit ihren rechteckigen Grundplatten überhaupt nicht auf die dafür vorgesehenen ovalen GFK-Formteile an Deck und bei der Kielhacke, die aus mir unbekannten Gründen bei allen 28ern aus einem Edelstahlkeil besteht, löst sich die Verbindung zum Kiel. Kaputte Schlitten auf den Genuaschienen und der Reffeinrichtung am Baum fielen kaum noch ins Gewicht.

Aber das Boot hatte auch seine guten Seiten. Von der gesunden Struktur hatte ich schon berichtet. An keiner der besonders belasteten Stellen wie Püttinge, Mastfuß und Seereling zeigten sich Haarrisse. Das Unterwasserschiff wies, von der Kielhacke einmal abgesehen, keinerlei Auffälligkeiten auf. Die Polster wurden glücklicherweise nicht im Boot aufbewahrt und waren daher weder verspakt noch muffig. Unter den Salonkojen gab es sogar richtige Lattenroste, die einen gehobenen Schlafkomfort erwarten ließen. Den Salon ziert ein schön gearbeiteter Refleks-Dieselofen aus Edelstahl, wie er häufig auf Traditionsschiffen anzutreffen ist. Die Elektronik wie GPS, UKW, Log und Lot war tadellos und z.T. auch recht hochwertig. Die Segel, vor allem die beiden Vorsegel von Co, waren noch sehr gut, das Groß von Beilken brauchbar. Die Vorsegel werden an einer hervorragend arbeitenden Furlex-Rollanlage gefahren.

Aber das Sahnestück, ohne das es vermutlich nicht zum Kauf gekommen wäre, war der Motor. Dabei handelte es sich um einen Dreizylinder von Yanmar mit knapp 28 PS. Der Motor war erst gut 10 Jahre alt und laut Betriebsstundenzähler und Serviceheft nur 485 Stunden gelaufen. Man sah ihm jedoch an, dass er eine gründliche Wartung nötig hatte. Auch die Anordnung der verschiedenen Filter war suboptimal. An den Dieselvorfilter kam wohl nur ein dressiertes Frettchen heran, den Deckel vom Seewasserfilter konnte man nicht abnehmen, da er zu dicht unter die Decke des Motorraumes gesetzt worden ist. Von den verschiedenen Vorbesitzern wurden offenbar diverse Veränderungen vorgenommen, die aber wohl in letzter Konsequenz nicht immer bis zu Ende durchdacht waren. So summierten sich im Laufe der Zeit die Dinge, die sich schlussendlich als nicht besonders praxisgerecht erweisen.. Auch habe ich jetzt gelernt, dass der Begriff „Eignergepflegt" überaus dehnbar ist.

Unterm Strich war ich aber doch unglücklich und der festen Überzeugung, einen Fehler gemacht zu haben. Keine guter Start! Da war auf der einen Seite die BA 24, zwar klein, aber hervorragend in Schuss. Auf der anderen Seite die BA 28, größer zwar, aber in einem ungepflegten und etwas herunter gekommenen Zustand. Ich konnte mich selber nicht verstehen. Da hatte ich nun ein neues Boot. Gut, es musste einiges daran gemacht werden, aber das war machbar. Aber ich saß nur da, grübelte vor mich hin und hatte keinen Plan, wie es weiter gehen sollte.

In dieser Zeit war mir Andrea eine große moralische Hilfe. Sie meinte, ich solle mich nicht so anstellen, viele andere würden sich über ein neues Boot freuen. An der „Njord" hätte ich 13 Jahre gearbeitet, um sie auf den jetzigen Stand zu bringen. Niemand erwarte von mir, dass ich jetzt bei der 28er Wunder vollbringe. Ich nenne das Boot übrigens 28er, weil es noch keinen Namen hat und der jetzige, nämlich „Babuschka", definitiv nicht beibehalten werden soll. Andrea meinte weiterhin, wenn nun das eine oder andere Teil nicht zu retten ist, dann muss es eben ersetzt werden. Durch den am Ende niedrigen Kaufpreis hatten wir noch Luft.

Der erste Winter

Auf dieser Basis legte ich die ersten Schritte fest. Mein Ziel
war es, das Boot zunächst soweit herzurichten, dass es die
Überführung in die Schlei übersteht ohne unter zu gehen. In
Kappeln sollte der Motor seine Wartung bekommen,
anschließend wollte ich noch so viel von meiner to-do-Liste
abarbeiten, dass wir in den Sommerferien schon einmal einen
ersten "Testtörn" machen konnten.

Zu aller erst mussten die Undichtigkeiten bei den Fenstern
beseitigt werden. Ich finde, es gibt kaum etwas
Unangenehmeres, als ein undichtes Schiff. Wir wollten ja
irgendwann auf dem Boot leben, unseren Urlaub darauf
verbringen und uns wohl fühlen. Ein ständig nasser und
muffiger Innenraum ist da nicht förderlich. Das am stärksten
betroffene Fenster war aber nicht mehr zu retten. Die
Schrauben, mit denen Außen- und Innenrahmen miteinander
verbunden sind, waren schon so fest angezogen, dass die
Schraubenspitzen von innen bereits durch den Außenrahmen
drückten. Ersatz musste her.
Die Originalfenster werden noch von der dänischen Firma
„Ertec" auf Bestellung hergestellt. Sie haben jedoch, wie ich
meine, einen ganz erheblichen Nachteil. Die Fenster bestehen
aus einem Außenrahmen mit dem Glas und einer Dichtung, der
von außen in den Fensterausschnitt des Aufbaus eingesetzt und
anschließend mit dem Innenrahmen verschraubt wird. Der
Nachteil besteht nun meines Erachtens darin, dass der
Außenrahmen mit seiner Dichtung nur eine Auflagefläche von
8 mm auf dem Aufbau hat. Wenn jetzt beim Aussägen der
Fensteröffnung nicht ganz exakt gearbeitet wurde und der

Ausschnitt hier und da etwas größer ausfiel, reduzieren sich die 8 mm ganz schnell auf die Hälfte oder gar noch weniger. Wenn nun der Innenrahmen aufgesetzt und verschraubt wird, kann sich die Hartgummidichtung aufgrund der reduzierten Auflagefläche verkanten und das Fenster wird nie ganz dicht sein. Ich suchte also nach Alternativen. Bei meiner Suche stieß ich auf die Firma „Schiffsfenster nach Maß" in Rinteln. Deren Fenster bestehen ebenfalls aus einem Außenrahmen mit gehärtetem Glas und einem Innenrahmen. Der Außenrahmen aus Aluminium weist jedoch ein deutlich breiteres Profil auf, so dass die Auflagefläche hier 15 mm beträgt. Preislich lagen sie übrigens auch noch unterhalb der Originalfenster. Diese Fenster sollten es sein.

Dafür war es allerdings notwendig, die alten Fenster vorab auszubauen und von den Ausschnitten Schablonen anzufertigen. Außerdem mussten die Wandstärken an verschiedenen Stellen gemessen und mit auf den Schablonen vermerkt werden. Das war alles in allem schon eine größere Aktion. Da lernte ich durch einen Zufall Michel kennen. Michel ist gelernter Holztechniker und bot mir seine Hilfe an. Mit ihm gemeinsam habe ich an einem furchtbaren Tag mit Starkwind und Regen die Schablonen angefertigt. Dabei besah er sich auch den Wasserschaden an der hölzernen Innenverkleidung und meinte lapidar: das kriegen wir wieder hin. Mir fiel ein Stein vom Herzen! Wenn die Fenster da sind, wollten wir die Sache angehen.
In der Zwischenzeit habe ich die alten Lenzschläuche durch neue ersetzt und der Lenzpumpe wieder einen Auslass außenbords verschafft. Ein neues Ladegerät der Firma „Waeco" mit zwei Ausgängen wurde installiert, die alten Batterien

wurden ausgebaut und entsorgt. Das Gleiche widerfuhr dem alten Teppichboden. Anfang Februar 2012 wurden die Fenster geliefert. Michel hielt sich an seine Zusage und fuhr mit mir nach Sonderburg. Es sollte vielleicht der Vollständigkeit halber erwähnt werden, das der Winter jetzt da war und die Temperaturen sich zu dieser Zeit im Minusbereich bewegten. Es lagen einige Zentimeter Schnee auf dem Boot und der Plane. Um überhaupt arbeiten zu können, stellen wir einen Ofen in das Boot. An den kommenden drei Wochenenden bauten wir die neuen Fenster ein, ersetzten das vergammelte Holz der Innenverkleidung, klebten eine neue Deckenverkleidung an und montierten schöne lange Handläufe unter Deck. Andere Teile des Holzausbaus erfuhren eine gründliche Überarbeitung. Außerdem baute Michel für mich noch einen stabilen Boden unter der Hundekoje ein, auf dem künftig die Batterien, mit Spanngurten festgezurrt, sicher aufgehoben waren. Für diese Arbeiten waren die Ratschläge aus dem Kreise der Bandholmvereinigung eine große Hilfe. Damit war ich schon mal einen großen Schritt weiter.

Sobald die Temperaturen es zuließen, habe ich das Boot abgeplant und machte mich an die Außenarbeiten. Löcher von ausgerissenen Tennax-Knöpfen wurden wieder verschlossen, neue Klampen angeschraubt und die Kielhacke laminiert und gespachtelt. Einige Holzteile im Außenbereich habe ich mit Lacköl behandelt (Pinne, Reitbalken, Steckschott), andere mit einem 2-Komponenten Klarlack (Cockpittisch, Schiebeluk). Mit den Ergebnissen bin ich bis heute sehr zufrieden.

Ein weiteres großes Vorhaben stand bevor. Für das von mir bevorzugte Antifouling wollte ich unbedingt vorher das

gesamte Unterwasserschiff abziehen. Ich konnte meinen Freund Peter überreden, mir dabei zu helfen. Wir fingen morgens an, am Abend hatte jeder seine Seite fertig. Wir sahen aus wie die Schweine und waren völlig geschafft. So was kann man eigentlich nie wieder gut machen. Der Rumpf jedenfalls zeigte sich ohne Makel und war mit einer Beschichtung aus Epoxy gegen Osmose geschützt. Mit zwei weiteren Anstrichen Epoxy-Primer und einer Schicht Haftgrund wurde das Unterwasserschiff für den Endanstrich vorbereitet.
Andrea begleitete mich jetzt auch häufiger. Während ich draußen herum werkelte, unterzog sie das Bootsinnere einer gründlichen Reinigung. Der neue Teppich wurde ausgelegt und die Polster wieder eingeräumt. Über den Winter hatte Andrea neue Vorhänge für die Fenster und für die Durchgänge zum Vorschiff genäht. Jetzt sah das Boot schon wieder sehr gemütlich aus.

Das Wetter wurde besser, es wurde wärmer und es tauchten jetzt mehr und mehr Bootsbesitzer auf, um ihre Schiffe für die neue Saison vorzubereiten. Es wurde etwas geselliger, ich war nicht mehr so allein. In den Wochen zuvor fiel es mir oft sehr schwer, mich auf den Weg nach Sonderburg zu machen und dort bei Kälte, Eis und Schnee ganz allein am Boot herum zu frickeln. Am Ende kamen knapp 4.000 km zusammen, die ich in vier Monaten für diese Fahrten zurückgelegt habe.

In der Zwischenzeit hatten wir auch einen neuen Namen ausgesucht. Das Boot sollte künftig „Lagom" heißen. Lagom ist eine alte schwedische Redensart und beschreibt einen Zustand, der als „genau richtig" umschrieben werden kann. Wenn der Kaffee weder zu stark noch zu schwach ist, ist er

lagom. Die Suppe ist lagom, wenn sie nicht zu heiß und nicht zu kalt ist. Der Name sollte wohl eine Trotzreaktion auf den etwas holprigen Start mit dem neuen Boot sein, ganz im Sinne von jetzt erst recht. Jedenfalls verknüpften wir mit dem Namen auch unsere Hoffnungen auf eine schöne Zeit mit dem Boot. Beim Aufkleben des neuen Namens am Heck stand plötzlich ein Däne neben mir und schaute mit schräg gelegtem Kopf meinem Treiben zu. Als ich fertig war, meinte er ganz trocken mit diesem wunderschönen dänischen Einschlag:
„Gut, du hast ein neue Name, der alte war sseisse."

Am 27. April 2012 war es soweit. Das Boot stand frisch gestrichen und poliert auf dem Hafentrailer und sollte heute zu Wasser gelassen werden. Ole hat den Treckerfahrer, den Kranführer und weiteres Hilfspersonal organisiert. Ich war jetzt doch ein wenig stolz, das Boot sah schon wieder ganz manierlich aus. Ole hatte auch dafür gesorgt, dass ich den alten Liegeplatz noch einige Zeit kostenlos nutzen durfte, bis das Boot für die Überführung bereit war. Am 30. April wurde der Mast gestellt. Diesem Termin sah ich mit einer gewissen Unruhe entgegen. Aufgrund einer Vorgabe von der Versicherung hatte ich das gesamte stehende Gut mit Ausnahme des Profilvorstages erneuert. Es stand die bange Frage im Raum, passt jetzt auch noch alles? Außer Ole waren noch Sven und Bjarne gekommen. Ich selbst hatte mir zur Verstärkung noch meinen Freund Ingo, ebenfalls Bandholmsegler, mitgebracht. Nach ein bisschen Fummelei stand der Mast an Deck, alles war gut gegangen. Die Fahrt vom Mastenkran zurück in die Box geriet zu einem Spektakel. Plötzlich war das Boot voll mit Leuten, die doch mal sehen wollten, was dieser verrückte Deutsche so den ganzen Winter über da gemacht hat.

Die Überführung war für den 05. Mai 2012 geplant. Bis dahin musste der Mast noch getrimmt und die Segel angeschlagen werden. Am Morgen des 05. Mai brachte Andrea Ingo, Peter und mich nach Sonderburg. Ich war ziemlich aufgeregt. Wir machten das Boot segelklar. Der Liegeplatz in Kappeln war reserviert, das Wetter war gut, es wehte ein frischer Wind aus NW. Ole kam noch um tschüss zu sagen, vielleicht aber auch nur, um ganz sicher zu gehen, dass wir jetzt auch wirklich losfuhren.

Für den Anfang wollten wir es nur mit der Genua 2 versuchen. Die Holepunkte waren verstellt, wir brauchten einige Zeit, sie richtig einzustellen. Dann ging es richtig los. Das Boot nahm Fahrt auf und rollte leicht in der achterlichen See. Aber was war das? Unter Deck knarzte und knackte es als würde das Boot auseinander brechen. Peter ging unter Deck auf Ursachenforschung. Zu sehen war nichts, aber er konnte das Knacken deutlich am Hauptschott fühlen. Mist! Doch ein struktureller Schaden, ein gelockertes Hauptschott? Egal, war im Moment ohnehin nicht zu ändern. Ich erinnerte mich an den Spruch von Michel: das kriegen wir wieder hin. Davon abgesehen, fühlte sich das Boot einfach nur gut an. Sie segelte sich genau so, wie die kleinere „Njord". Ich habe mich schnell auf das neue Boot eingestellt. Natürlich war sie etwas schneller und aufgrund der Größe ließ sie sich von den Wellen nicht so schnell beeindrucken. Ein wirklich schönes Gefühl.

Vor Schleimünde wollte ich den Motor starten. Gewohnheitsmäßig hatte ich beim Segeln den Rückwärtsgang eingelegt, nun aber konnte ich den Schalthebel nicht mehr in die Neutralstellung bringen, er klemmte. Was war das nun wieder? Bitte bitte lieber Motor, du musst uns nur noch bis Kappeln bringen, dort sollst du dann ja eingehend untersucht werden. Nach einigem Gezerre konnte ich dann doch noch den Leerlauf einlegen, der Motor sprang an und brachte uns sicher nach Kappeln. Der reservierte Liegeplatz war natürlich belegt (hätte ich vielleicht ein Handtuch darüber legen sollen?), etwas weiter fanden wir aber noch eine Lücke. Puh, geschafft. Das Boot ist hier, nichts ist kaputt gegangen, wir sind auch nicht jämmerlich abgesoffen. Conni, Peters Freundin, und Andrea erwarteten uns schon, es wurden noch einige Erinnerungsbilder gemacht, dann fuhren wir zufrieden nach Hause.

Der 05. Mai 2012 war ein Samstag. Am Montag, den 07. Mai, war ich mit Herrn Keinberger, dem Geschäftsführer der Firma Schiffsmotoren Kiesow, verabredet, um die notwendigen Arbeiten zu besprechen. Das Team der Firma Kiesow ist überaus kundenfreundlich und absolut zuverlässig. Pünktlich zur vereinbarten Zeit erschien Herr Keinberger an Bord und wir begannen sofort damit, die erforderlichen Arbeiten aufzulisten. Das verlief alles gut und hielt auch zunächst keine Überraschung bereit. Bis, ja bis er meinte, jetzt wolle er sich noch mal die Wellenanlage ansehen. Zu diesem Zweck kletterte er in die Steuerbord Backskiste, die einen guten Zugang zu Motor und Wellenanlage bietet.
Kaum war er abgetaucht, hörte ich ein dumpfes „Was ist das denn?". Sein Kopf erschien wieder aus dem Loch und er meinte, die Konstruktion da unten sei doch recht ungewöhnlich. Aber er wolle keine voreiligen Schlüsse ziehen und lieber noch einen Bootsbauer um dessen Meinung bitten.

Hier im Nordhafen von Kappeln ist eine ganze Reihe von Betrieben ansässig, die unter der Bezeichnung „Yachtzentrum Kappeln" zusammengefasst sind. Dazu zählt auch die Bootswerft „Janssen & Renkhoff", die Herr Keinberger für eine kurzfristige Begutachtung konsultierte. Kurze Zeit später tauchte Fiete Renkhoff auf seinem alten Klapprad auf. Auch er verschwand in der Backskiste und murmelte kurz darauf etwas, das sich anhörte wie „so was hab ich ja noch nie gesehen!" Nun weiß ich aus Erfahrung mit Handwerkern, dass für gewöhnlich jedes bedenkliche Kopfschütteln, jedes besorgt ausgestoßene „oh oh" zwischen 50 und 100 € zusätzlich auf der Rechnung bedeuten.

Mir schoss das Blut in den Kopf. Was würden diese beiden Bemerkungen erst für Kosten nach sich ziehen? Ich sollte Recht behalten.

Anlass für diese Konferenz war die Wellenanlage, hier vor allem das Stevenrohr. Es war nicht, wie sonst wohl üblich, aus Bronze, sondern aus Edelstahl. Zudem wies es eine seltsame Befestigungskonstruktion auf, deren Sinn niemand so richtig erkennen konnte. Diese bestand aus zwei Edelstahllaschen, die von beiden Seiten der Welle kommend an einem Ende mit einer Schelle am Stevenrohr befestigt waren, während das andere Ende mit irgendeinem Zeugs am Rumpf „verkleblaminiert" worden ist. Es wurde die Vermutung geäußert, dass das Stevenrohr eventuell etwas lose sein könnte und diese Konstruktion das Mitdrehen des Stevenrohres bei Maschinenfahrt verhindern soll. Wir werden es wohl nie erfahren. Die beiden Experten wussten also nicht, wozu das Ganze gut sein sollte und wie lange diese Konstruktion überhaupt noch hält. Ich sollte mir aber überlegen, da das Boot schon mal hier sei, ob das Problem nicht gleich mit behoben werden sollte. Dazu müsse das Boot aber aus naheliegenden Gründen wieder aus dem Wasser und an Land gestellt werden.

Oh, was für ein Elend! Ich bin ja auch nicht derjenige, der sich leichten Herzens über die Ratschläge der Fachmänner hinwegsetzt und sagt, hey, pfeif drauf, wird schon gut gehen. Man vertraut dem Boot sein Leben an und ich möchte, dass wir uns sicher fühlen.

Ich rechnete schnell im Kopf nach. Die bisher teuersten Anschaffungen waren das stehende Gut und die neuen Fenster. Ersteres konnte ich mit einiger Berechtigung noch als Verschleißteile bezeichnen, die ohnehin irgendwann fällig gewesen wären. Die neuen Fenster dagegen waren nur unter „shit happens" zu verbuchen. Die jetzt zur Diskussion stehenden Ausgaben führten uns dann in der Summe zu Gesamtkosten, die dem Preis einer gut erhaltenen Bandholm schon recht nahe kommen. Allerdings mögen diese Dinge dort gut erhalten sein, aber sie sind eben nicht neu wie bei uns. Wir haben aber nun einmal dieses Boot, und wer a sagt muss auch b sagen.
Also gab ich das Signal zum Angriff. Schon tauchte das nächste Problem auf. Wir hatten Anfang Mai und die Werft war mit Aufträgen ausgelastet. Wer also sollte das alte Stevenrohr aus dem Boot stemmen? Ein weiterer Anruf und Herr Strüven vom Werftbetrieb Strüven erschien. Er ließ sich den Sachverhalt schildern und sagte schließlich zu, diese Sache „irgendwie, wenn mal Luft ist, mit zu erledigen. Das kriegen wir wieder hin". Diese Aussage finde ich mittlerweile richtig gut.

Das war das endgültige Startsignal. Bereits am nächsten Tag stand unsere „Lagom" mit stehendem Mast an Land. Die Firma Kiesow begann sofort damit, den Motor auszubauen und in den Salon zu stellen. Das war eine Angelegenheit von weniger als einer Stunde. So konnte der Monteur viel leichter an alle Teile heran und auch das Verlegen der Filter an zugänglichere Stellen gelang so ohne Verrenkungen. Mir wurde auch angeboten, dabei zu sein und mit anzufassen. So könne ich den ab und zu erforderlichen zweiten Mann ersetzen und somit Kosten sparen und nebenbei direkt vor Ort klären, was genau wohin soll. Ob mir ersteres gelungen ist, wage ich beim Blick auf die Rechnung zu bezweifeln. Das Andere jedoch hat wunderbar funktioniert. So konnten wir gemeinsam für den Dieselvorfilter und den Seewasserfilter optimale Plätze finden. Auch der Hebel für den „Ausmacher" wurde verlegt.

In der Zeit, in der ich nicht gebraucht wurde, also eigentlich immer, kleidete ich den Motorraum mit neuen Schallschutzplatten aus und montierte auf der Backbord Scheuerleiste eine neue Genuaschiene. An der Stelle wurde nämlich mal ein Stück Scheuerleiste erneuert, nur hat man es versäumt, die Schiene wieder aufzuschrauben. Das Boot verfügt über insgesamt vier Genuaschienen, je zwei innen am Aufbau und zwei außen auf der Scheuerleiste. Diese sind dazu da, um große Vorsegel auch geöffnet raumschots oder vor dem Wind, vielleicht sogar ausgebaumt fahren zu können, ohne das die Schot an der Seereling scheuert. Auch die riesige Genua 1, deren Schothorn bis auf die Höhe der Sprayhood reicht, wird auf dieser äußeren Schiene gefahren. Die meisten nutzen sie jedoch als Umlenkung für die Genuaschot, damit diese nicht auf dem Cockpitsüll Kerben ins Material sägt.

Für eine zwei Meter lange Schiene musste ich alle 20 cm ein

Loch vorbohren, ein Gewinde ins Holz und das darunter
liegende Massivlaminat schneiden und dann die Schiene,
einem leichten Bogen folgend, festschrauben. Ich ersetzte in
dieser Zeit auch die defekten Genuaschlitten und den kaputten
Block vom Bindereffsystem für das Großsegel. Einen Ersatz
für die Genuaschlitten zu finden, war gar nicht so einfach,
passen doch die heute üblichen Genuaschlitten mit ihren
Gleitschuhen nicht auf die alten, leicht nach innen gewölbten
25 x 4 mm Schienen. Fündig geworden bin ich bei der Firma
Sprenger, die noch passende Schlitten mit Kugellagerblöcken
und aufgeschweißten Laschen mit Federn anbieten. Den
Nylonblock für das Reffsystem von Barton hingegen bekommt
man noch ohne Probleme als Ersatzteil. Bei diesem System
handelt es sich offenkundig um eine Nachrüstung aus neuerer
Zeit, ursprünglich gehörte das nicht zur Standardausstattung.

Zwischendurch erschien immer wieder mal Herr Strüven. Als
erstes entfernte er diese seltsamen Laschen. Dann rückte er
dem Stevenrohr zu Leibe. Der Versuch, mit einer enorm großen
Rohrzange das Rohr zu lockern und dann nach vorn heraus zu
ziehen, misslang. Es rührte sich keinen Deut. Soviel zu der
Theorie, es könnte sich mit drehen.
Der nächste Versuch bestand darin, das Stevenrohr mittels
einer sogenannten Daumenkraft nach außen heraus zu drücken.
Dazu wurde mit Hilfe dicker Kanthölzer am
Motorenfundament ein Widerlager konstruiert, dann die
Daumenkraft zwischen Widerlager und Stevenrohr positioniert
und anschließend rohe Gewalt ausgeübt. Eine Daumenkraft ist
eine Art überdimensionierter Wagenheber, mit denen
normalerweise schwere Landmaschinen, LKW und sogar
Panzer angehoben werden. Sollte dieser Versuch auch nicht

gelingen, bliebe nur den Rumpf auf zu fräsen, um so das Stevenrohr frei zu legen. Wir alle waren gespannt, was passieren würde. Herr Strüven nahm die Kurbel in die Hand und begann zu drehen. Alle hielten den Atem an. Es machte ein verhaltenes Knack, dann begann das Stevenrohr, gedrückt von der Daumenkraft, sich langsam nach draußen zu bewegen. Hurra, hurra!! Was jetzt kam, war reine Fleißarbeit, denn alle 20 cm musste das Stevenrohr draußen abgesägt werden, da der Skeg im Wege war. Schlussendlich war es geschafft, das Stevenrohr war ausgebaut. Da das alte Rohr einen Außendurchmesser von 35 mm hatte, das neue jedoch 40 mm im Durchmesser misst, musste das vorhandene Loch in seiner gesamten Länge von ca. 70 cm aufgebohrt werden. Für diesen einmaligen Gebrauch baute sich Herr Strüven ein Spezialwerkzeug aus einer Art Topfbohrer mit 40 mm Durchmesser, einer 35 mm Führung in der Mitte und in den Zwischenräumen zwei eingeschweißte scharfe und gehärtete Klingen. Es funktionierte, war allerdings auch recht mühsam, da der Bohrkopf etwa alle 2 cm herausgezogen und vom Bohrstaub befreit werden musste, der bei dieser Konstruktion ja nirgends hin konnte. Aber irgendwann war auch das überstanden und das vorbereitete neue Stevenrohr konnte eingesetzt, ausgerichtet und mit kleinen Keilen fixiert werden. Danach brauchte nur noch der Zwischenraum zwischen Loch und Stevenrohr mit Epoxyharz ausgegossen werden. Ein innen befestigtes Passstück aus Bootsbausperrholz, an dem das Stevenrohr mit Hilfe eines Flansches befestigt wurde, gab zusätzlichen Halt. Die Welle kam noch einmal auf die Richtbank, dann wurde alles wieder zusammengebaut. Im Zuge dieser Arbeiten wurde ich auch über das Phänomen des klemmenden Rückwärtsganges aufgeklärt. Dabei handelt es sich offenbar um eine besondere Eigenart dieser Motorenbaureihe, da mir später auch andere Eigner davon berichteten. Beim Einlegen des Rückwärtsganges, so wurde mir erklärt, rückt eine Art Konus ein, der erst wieder freigegeben wird, wenn die Maschine läuft. Da ich aber auch in Zukunft unter Segeln zur Schonung von Getriebe und Lagern und zur Vermeidung einer z.T. nicht unerheblichen Geräuschentwicklung den Rückwärtsgang einlegen möchte, soll mir ein Trick helfen: die Zündung anmachen, einmal ganz kurz auf den Startknopf drücken und dabei gleichzeitig den Schalthebel auf Leerlauf stellen. Danach den Motor ganz normal starten. Es funktioniert, ist aber nicht wirklich ideal. Damit muss ich mich noch einmal beschäftigen, für den Moment reicht mir das.

Nun hatten wir also einen komplett gewarteten Motor, fast überall neue Schläuche, die Filter saßen an den richtigen Stellen, Stevenrohr, Stopfbuchse und Wellenlager waren neu. In meinem ganzen Leben gehe ich da nicht mehr dran. Den Abschluss bildeten zwei neue Hauptschalter für die Batterien. Bei dieser Gelegenheit diskutierte ich auch mit den Experten der Fa. Kiesow die Frage der bordeigenen Ladetechnik. Wie an anderer Stelle schon erwähnt, hatte ich die alten Batterien durch neue ersetzt. Durch den Einbau eines festen Bodens für das Batteriefach war der Platz in der Höhe auf 21 cm beschränkt. Damit schieden moderne AGM Batterien mit der gewünschten Kapazität aus. Am Ende entschied ich mich für Bootsbatterien der Firma Vetus, die mit einer geringeren Selbstentladung und einer etwas größeren zulässigen Tiefentladung zwar nur einen Kompromiss zwischen den herkömmlichen Bleiakkus und den modernen

Gel- bzw. AGM-Batterien darstellen, aber für unsere Zwecke einen durchaus brauchbaren. Wie aber sollten diese Batterien durch den Generator am Motor geladen werden? Dafür bieten sich verschiedene Möglichkeiten an. Die einfachste Möglichkeit stellt der Batterieum- bzw. trennschalter dar. Hier wählt man manuell, ob und welche Batterien geladen werden sollen. Dies erfordert jedoch jederzeit große Aufmerksamkeit, muss man doch immer darauf achten, alle Batterien zu versorgen, keine zu vergessen. Fehler können Schäden an dem Laderegler des Generators verursachen. Um das zu vermeiden wurden später daher sogenannte Trenndioden eingeführt. Dabei wird der Ladestrom von zwei oder drei Batterien isoliert, wodurch eine gegenseitige Entladung der Batterien verhindert wird. Hierbei entsteht bauartbedingt jedoch ein Spannungsabfall, der dazu führt, dass der Ladevorgang unvollständig ist und die Batterien nie vollgeladen werden können. Moderne Trenndioden reduzieren diesen Spannungsabfall aber mittlerweile. Eine weitere Möglichkeit stellen die Trennrelais dar, bei denen kein nennenswerter Spannungsabfall entsteht. Die Spitze der Ladetechnik stellen sogenannte Hochleistungsregler dar, durch die die Leistung der Lichtmaschine deutlich gesteigert wird. Dadurch werden die Batterien nahezu zu 100 % geladen, und das bei einer erheblich verkürzten Motorlaufzeit. Bei uns an Bord war bisher ein Trennrelais vorhanden. Da wir keine stromfressenden Verbraucher wie Kühlschrank, Heizung oder Bugstrahlruder an Bord haben, wurde mir geraten, die jetzige Installation so zu belassen, wie sie ist. Das Relais wurde noch einmal durchgemessen, dann stand auch die elektrische Anlage.
Am 07. Juni 2012 wurde das Boot wieder ins Wasser gesetzt und am 10. Juni erreichte es erstmals den heimischen

Liegeplatz. Dort habe ich noch die angebrochenen Handläufe an Deck ersetzt und die alten und unansehnlichen Doradelüfter getauscht.
Damit war der erste Akt der „Wiederauferstehung" beendet und wir konnten uns an unsere erste Testfahrt machen.

Die ersten Erfahrungen

Bevor wir am 13. Juli 2012 zu unserem ersten Törn aufbrechen konnten, stand am 09. Juli noch die Taufe an. Leider war das Wetter nicht mit uns, es wehte stark aus West und das Liegen an unserem Versorgungssteg wäre zu einer unruhigen Angelegenheit geworden. So blieb es bei einer „Ferntaufe", an der aber alle geladenen Gäste dennoch ihren Spaß hatten.

Am 13. Juli ging es los. Wir hatten knapp drei Wochen Zeit, für die wir uns aber kein bestimmtes Ziel ausgesucht hatten. Zum Eingewöhnen wollten wir uns in bekannten Gewässern aufhalten, lernen, eingewöhnen und Vertrauen gewinnen. Auch wollten wir nicht zu weit weg, falls doch mal etwas passieren sollte. So segelten wir in dem Gebiet zwischen dem Svendborgsund und Flensburg hin und her. Den Anfang machte Schleswig, dort wollten wir unbedingt das große Treffen der Wikingerboote in Haitabu besuchen. Es war beeindruckend, wie viele Nachbauten von Wikingerbooten, darunter auch das größte existierende, die 30 m lange „Havhingsten", sich hier versammelt hatten. Man fühlte sich in eine andere Zeit versetzt. Danach ging es über Maasholm nach Fynshav. Wir liefen Avernakø, Skarø, alle drei Häfen auf Ærø, Wackerballig, Flensburg und Sonderburg an. Dieses Seegebiet dürfte den meisten bekannt sein, so dass sich eine Reise- und Revierbeschreibung an dieser Stelle erübrigt. Wichtig aber ist die Antwort auf die Frage, wie hat sich das Boot bewährt? Um es mit einem Wort zu sagen: gut! Unsere Erwartungen und Hoffnungen wurden nicht enttäuscht. Das Seeverhalten ist angenehm, die Segeleigenschaften wie erwartet. Die Höhe am Wind ist durch die weit innen geschotete Genua gar nicht

schlecht. Die Manövriereigenschaften sind sowohl unter
Segeln als auch unter Motor vollauf zufriedenstellend.
Überhaupt der Motor. Das Ding ist ein Tier. Er hat enorm viel
Power, und bei voll voraus erzeugt der dreiflügelige
Festpropeller ein gewaltiges Schraubenwasser. Auch Andrea
kommt mit der Maschine dank des gut erreichbaren
Schalthebels bestens zurecht.
Gut, der Radeffekt bei Rückwärtsfahrt ist deutlich spürbar und
lässt sich auch nicht klein reden. Aber in manchen Situationen
hilft er ja auch.

Erik hat eines Tages in den Schwalbennestern im Vorschiff
Feuchtigkeit entdeckt. Als Verursacher kamen nur die beiden
vorderen Relingsfüße infrage. An einem der Hafentage haben
wir sie ausgebaut, gesäubert und mit neuer Dichtmasse wieder
eingesetzt. Ab da war tatsächlich alles wieder dicht. Bei der
Gelegenheit musste ich aber feststellen, dass auf dem Boot
i.d.R. zwar nichtrostende Schrauben und Muttern verwendet
wurden, bei den Unterlegscheiben jedoch wurde verbaut, was
gerade da war. Viele davon waren schon stark verrostet und
erzeugten an einige Stellen hässliche Rostspuren.
Außerdem bemerkten wir beim Segeln auf Steuerbordbug, dass
bei etwas mehr Lage Wasser aus dem Rahmen des
Niederganges tropft. Scheinbar ist durch die Löcher der
herausgerissenen Tennaxknöpfe Wasser in den einen oder
anderen Zwischenraum gelaufen, das dann auf diesem Weg
wieder austritt.

Das starke Knarren und Knacken am Hauptschott war nach wie
vor deutlich zu vernehmen. Ich hatte den Rat bekommen, das
Winkellaminat der Verbindung Rumpf – Hauptschott bis unter

die Kojen zu verlängern bzw. dort zu verstärken. Das kommt auf die Liste der Arbeiten für den nächsten Winter.

Beim Aufbauen der Kuchenbude kommt auch die Sprayhood unter Spannung. Dabei ist sie eingerissen, das Gewebe ist mürbe, für die nächste Saison muss eine neue her. Bis dahin behelfe ich mich, indem ich die Risse mit Segeltape abklebe. Das hat tatsächlich bis zum Ende der Saison gehalten. Im Verlaufe des Urlaubstörns stellte ich doch hier und da weiteren Handlungsbedarf fest. So vermisste ich zum Beispiel Einlegeböden in den hinteren Backskisten. Alles Flache oder Kleine rutschte unter den Dieseltank. Auch sollte die Elektrik überarbeitet werden. Machten wir z.B. im Salon das Licht an, ging auch draußen die Kompassbeleuchtung an. Putzig. Auf meiner Wunschliste standen außerdem neue Kugelventile als Ersatz für die alten Schieberventile und neue Fallen aus modernem Tauwerk anstelle der alten Fallen mit den Drahtvorläufern. Auch wäre eine Fallenumlenkung ins Cockpit nicht schlecht, könnte ich doch so beide Segel von hier aus setzen. Apropos Segel: auf einem der Urlaubsbilder konnte man deutlich erkennen, dass das Großsegel seine besten Tage bereits hinter sich hat, Falten über Falten wirft und dringend getauscht werden muss. Im Winter werde ich mir mal ein Angebot machen lassen.

Alles in allem aber genossen wir unseren Urlaub. Schnell gewöhnten wir uns an das Boot und den vielen Platz. Auch der Schlafkomfort war großartig, dank der Lattenroste unter den Polstern schliefen wir fast wie zu Hause. Einzig bei der Wahl der Liegeplätze haben wir uns doch einige Male verschätzt, es kam hin und wieder vor, dass die Boxen zu eng oder zu kurz waren. Überrascht waren wir von der Geschwindigkeit. An sich logisch, hatten wir uns darüber bisher aber nicht so viele Gedanken gemacht. Nun stellten wir fest, dass wir z.B. auf einer Strecke von Schleimünde nach Marstal eine bis eineinhalb Stunden schneller da waren. Dies bedeutete eine um bis zu 1,5 Knoten höhere Durchschnittsgeschwindigkeit. Künftig können wir die Routenplanung etwas ambitionierter gestalten.

Am 30. Juli 2012 waren wir wieder zu Hause und konnten auf einen gelungenen ersten Törn zurückblicken. Der Rest des Sommers bot nicht mehr viel Gelegenheit zum Segeln. Am 23. September verbrachten wir das Boot nach Kappeln, wo Tags darauf der Mast gelegt wurde. Bei der Firma Ancker sollte der Mast über den Winter mit neuen Fallen, einem Kabelkanal und neuen Kabeln für die Beleuchtung und die UKW-Antenne ausgestattet werden. Zwei Tage später stand das Boot hinter unserem Vereinsgebäude an Land und wartete auf die anstehenden Winterarbeiten.

Der zweite Winter

Beginnen möchte ich meinen Bericht mit den Arbeiten, die ich nicht selbst ausführen konnte. Wie bereits erwähnt, befand sich der Mast bei der Firma Ancker, zu der auch ein Selden Riggservice gehört. An unserem alten Seldenmast sollten einige Veränderungen vorgenommen werden. Besonders dringlich war der Austausch der alten Fallen. Die gehörten wohl noch zur Erstaustattung und waren derart ausgereckt, dass schon ein bis zwei Törns des Drahtvorläufers auf der Winschtrommel waren, bevor das Segel stramm durchgesetzt war. Dies betraf vor allem das Fockfall. Es gibt heute reckarmes und hoch belastbares Tauwerk, welches in unserem Fall auch so dünn ausfallen konnte, dass wir glücklicherweise die Rollen im Mast beibehalten konnten.

Als nächstes wurden sämtliche Elektrokabel und auch das Kabel für UKW-Funk erneuert, die Ummantelungen waren altersbedingt schon sehr brüchig. Die frei im, oder wie im Fall des Antennenkabels teilweise auch außen am Mast verlegten Kabel klapperten erbärmlich bei jeder kleinen Bewegung des Bootes. Wenn möglich, sollten sie alle in einem Kabelkanal verlegt werden. Dazu hatte Herr Dohrmann von der Firma Ancker eine geniale Idee. Der Mast stammt aus den 70ern, das stabile Profil des Mastes nennt sich „Tropfenform". Kennzeichnend dafür ist die runde Vorderseite und die spitz zulaufende achtere Kante des Profils, in der sich auch die Mastnut befindet. Die Nut ist zum Mastinneren abgetrennt und bietet durch seinen dreieckigen Querschnitt viel Platz. Hier hinein verlegte Herr Dohrmann über die gesamte Länge des Mastes ein genau passendes Kunststoff U-Profil. So war in der Mitte noch genug Platz für die Mastrutscher, links und rechts davon ergaben sich zwei Kabelkanäle, die ausreichend Platz für die vier Kabel boten. Diese Lösung hat sich bis heute tadellos bewährt. Zu der damaligen Zeit wurden die Segel anfangs noch mit dem Vorliek in die Mastnut eingeführt. Um das Einfädeln zu erleichtern, wurde die Nut oberhalb des Lümmelbeschlages auf ca. 40 cm aufgebördelt. Die später gebräuchlichen Mastrutscher fallen hier natürlich beim Segelsetzen, Segelbergen oder Reffen heraus, auch das Auftuchen des Großsegels auf dem Baum wird dadurch nicht einfacher. Aber auch hier gibt es eine Lösung. Die Firma Selden bietet ein sogenanntes „Cassettenrohr" an, das in den aufgebördelten Teil der Mastnut eingesetzt wird und so die Nut bis kurz vor den Lümmelbeschlag verlängert. Die Rutscher werden nun von unten eingeführt (das kann je nach Segelgröße für einen allein recht schwer werden), nach dem letzten Rutscher kommt ein Stopper davor – fertig. Genial einfach und eine wirklich große Erleichterung.

Weiter geht es mit dem Boot. Durch den kurzen Anfahrtsweg lohnte es sich jetzt für mich auch, nur mal für ein oder zwei Stunden zum Boot zu fahren. Das war ganz hilfreich, hatte ich mir doch wieder viel vorgenommen.

Ich nutze gern die häufig noch recht milden Temperaturen im Oktober, um anfallende Lackier- und Laminierarbeiten zu erledigen. So wollte ich jetzt dem knackenden Hauptschott zu Leibe rücken. An den empfohlenen Stellen sollten weitere Winkellaminate zur zusätzlichen Verstärkung der Rumpf – Schottverbindung angebracht werden. Von einem Bootsbauer der Firma Yachtsport Eckernförde besorgte ich mir entsprechendes Material, vor allem das geeignete

Glasfasergewebe. Hierbei handelt es sich um sogenanntes biaxiales Gewebeband. Dabei sind die Glasfasern im Winkel von 45° zueinander angeordnet, um die auftretenden Kräfte auffangen zu können. Ganz vorschriftsmäßig habe ich aus langsam aushärtendem Epoxyharz und einer entsprechenden Menge Verdickungsmittel Hohlkehlen geformt und nach dem Aushärten zwei versetzt angeordnete Streifen Glasfasergewebe nass in nass anlaminiert. Die Holzteile wurden vorab mit G4 behandelt. Das Ergebnis war beeindruckend, und ich war sehr zufrieden mit mir. An dieser Stelle will ich etwas vorgreifen und mitteilen, dass die Reparatur zwar sehr schön geworden ist, die Ursache für das Knacken jedoch nicht beseitigte. Per Zufall entdeckte ich während meiner Arbeiten an der Elektrik, dass es immer genau dann so knackte, wenn ich mich auf der Backbordkoje hin und her bewegte. Über dieser Backbordkoje verläuft nämlich hinter den Schwalbennestern der Kabelkanal für die Kabel von vorn nach achtern. Während ich nun beim Einziehen neuer Kabel auf der Koje herumturnte, ertönte das bekannte Knackgeräusch. Bei genauerer Betrachtung fiel mir auf, dass die Koje, normalerweise nicht fest mit dem Hauptschott verbunden, extrem stramm an der Schottwand saß und so bei jeder größeren Belastung sofort knackte. Hier arbeitete Holz auf Holz. Um seinerzeit Platz für das Lattenrost zu erhalten, musste die Kojenauflage etwas abgesenkt werden. Scheinbar wurde dabei irgendwie die „Statik" verändert. Mit einer sogenannten Zittersäge habe ich den Spalt zwischen Schott und Koje soweit aufgetrennt, dass diese nicht mehr auf Spannung aneinander stießen. Ergebnis: kein Knacken mehr. Kleine Ursache, große Wirkung.

Als nächstes wandte ich mich der Toilette zu. Wie an anderer

Stelle schon erwähnt, waren die Schläuche völlig ungeeignet und weder blick- noch geruchsdicht. Außerdem stand die Toilette direkt auf der Innenschale, die bei jedem Gebrauch aufgrund der Punktbelastung knisterte. Also alles ausbauen, eine druckverteilende Platte aus Bootsbausperrholz drunter, neue Schläuche dran und fertig. Aber denkste! So einfach funktioniert das nie auf einem Segelboot. Es sollte ja eine solide Konstruktion werden, also mussten die Befestigungsschrauben von unten gekontert werden. Dazu musste ich an die Innenseite der Innenschale gelangen. Nach dem Entfernen des vordersten Bodenbrettes hatte ich zwar Zugang zu der Stelle, viel Platz war aber nicht vorhanden. Es gab beim besten Willen keine Möglichkeit, Unterlegscheiben und Muttern dort anzubringen. Abhilfe schaffte ein Stück Bootsbausperrholz, etwa in der Größe des Toilettensockels. Dort hinein wurde passend zum Sockel Löcher für die Befestigung gebohrt und an der Unterseite sogenannte Einschlaghülsenmuttern aus Edelstahl eingeschlagen. Das Ganze habe ich dann mit viel Mühe so an die Unterseite der Innenschale geklebt, dass alle Löcher (Toilette, Bootsbauplatten, Innenschale) in Deckung übereinander lagen. In der Zwischenzeit hatte ich noch eine neue Toilette besorgt. Die alte hatte schon diverse Gebrauchsspuren wie Verkalkungen oder angebrochene Scharniere, Ersatz musste her. Es sollte auf jeden Fall wieder ein normales Pump-WC werden. Ich entschied mich für ein Modell der Firma Jabsco, da diese schon viele Jahre auf dem Markt sind und man auch für ältere Modelle immer noch Ersatzteile bekommt. So richtig ins Schwitzen bin ich allerdings beim Verlegen der neuen Schläuche gekommen. Diese steifen, spiralbewährten Schläuche auf engstem Raum durch enge Löcher und Ritzen hinter Schränkchen und Verkleidungen zu führen – ich möchte nicht verschweigen, dass ich hier ordentlich geflucht habe. Ist Ihnen auch schon mal aufgefallen, dass an keiner Stelle wirklich genug Platz ist und man immer mit seiner „schwachen" Hand arbeiten muss?

Der nächste Punkt auf meiner Liste war die Wasserversorgung. Bisher hatten wir uns unterwegs aus einem 5 Liter Faltkanister mit Frischwasser versorgt. Über der Toilette wollte ich wieder ein Handwaschbecken einbauen, neue Schläuche verlegen und den Wassertank reinigen. Der Wassertank befindet sich unter den Vorschiffskojen, besteht aus Edelstahl und fasst 135 Liter. Nachdem ich die 24 (!!) Schrauben des Inspektionsdeckels entfernt hatte, konnte ich das Innere des Tanks in Augenschein nehmen. Ich war positiv überrascht. Nur ganz leichte Kalkspuren, etwas Staub. Da hatte ich Schlimmeres befürchtet, z.B. lebende Kulturen. Schnell alles sauber gemacht, Deckel wieder drauf, nächstes Thema.

Der Einbau eine Waschbeckens gestaltete sich da schon wieder etwas schwieriger. Es gab natürlich kein Becken mehr, das in den alten Ausschnitt passte. Ein neues Becken bedeutete daher auch eine neue Platte. Von der alten Konstruktion behielt ich nur die schön gearbeitete Blende. Als letztes blieb nur noch eine neue Fußpumpe auf den noch vorhandenen Sockel zu schrauben und alles mit Schläuchen zu verbinden. Kleinigkeit meinen Sie?? Von wegen. Da passt nichts, aber auch gar nichts zusammen. Beispiel gefällig? Bitte schön! Der Tankanschluss hat einen Durchmesser von 19 mm, die Anschlüsse der Fußpumpe einen Durchmesser von 16 mm, am Wasserhahn beträgt der Durchmesser nur noch 12 mm. Für die notwendigen Reduzierstücke, z.B. von der Firma VETUS, muss man ein Vermögen ausgeben. Aber es nütze nichts, und nachdem ich noch Unmengen an Schlauchschellen aller Größen verbaut hatte, funktionierte die Wasserversorgung wieder einwandfrei. Jetzt hatte ich mich sozusagen „warm" gearbeitet. Eine bauliche Veränderung von nicht unerheblicher Bedeutung stand an. Bei der Beschreibung der BA 28 hatte ich u.a. auch den Kleiderschrank erwähnt. Er ist ca. 70 cm breit, mindestens ebenso hoch und enorm tief. Aber da ist nichts drin, außer einer Stange. Nach meiner Auffassung ist das Unsinn. Was soll man denn da aufhängen, den Marineblazer und das kleine Schwarze? Auch Ölzeug, schon gar kein feuchtes, sollte da hinein gehängt werden. Wir wollten also in den Kleiderschrank Bretter einbauen, so dass jeder von uns sein eigenes Fach hat, in dem er die Klamotten für einen mehrwöchigen Törn problemlos unterbringen kann. Aber wie bekomme ich das hin? Einfach Bretter von vorn in den Kleiderschrank schieben ging nicht. Der Schrank wird mit zwei Türen verschlossen, die an einem senkrechten Mittelsteg angeschlagen sind. An dieser Stelle trat Michel wieder in Aktion. Zunächst haben wir Leisten links und rechts innen am Schrank angeschraubt, auf denen später die Bretter aufliegen sollten. Dann sägte Michel die Bretter für jedes Fach zurecht. Dabei musste er die sich nach unten verringernde Tiefe der Fächer sowie die Rundung der Bordwand beachten. Soweit, so gut. Aber wie sollten die Bretter in den Schrank „gewurschtelt" werden? Michel fand die Lösung. Alle drei Bretter wurden gleichzeitig hochkant in den Schrank gehieft. Mit dem obersten Brett beginnend (also vorher auf die Reihenfolge achten!), zirkelten wir die Bretter eines nach dem anderen auf die Leisten, lediglich für das unterste Brett mussten wir eine Leiste aus Platzgründen noch einmal abnehmen und nach dem Einführen des Brettes wieder anschrauben. „Hab ich doch gesagt, dass kriegen wir schon hin" meinte er zum Schluss nur noch. Wir waren begeistert, mussten wir doch jetzt nicht mehr aus Taschen leben.

Alle bisherigen Arbeiten wurden aber getoppt von der Überarbeitung der Elektrik. Da ja irgendwie alles funktionierte, dachte ich anfangs noch, es würde reichen, die Verbraucher sinniger als bisher auf die Schalter zu legen. Beim ersten Blick auf die Verkabelung wurde aber deutlich, dass allein die Suche nach den richtigen Kabeln viel Zeit in Anspruch nehmen würde. Um an die Verkabelung zu gelangen, muss man bei unserem Boot übrigens mit dem Kopf voran in die Hundekoje kriechen, sich auf den Rücken legen und den Kartentisch über sich ganz ausziehen. Dann sieht man das ganze Elend über sich. Dieses bestand aus einem unübersehbaren Wust an Kabeln, Steckern und Reihenklemmen. Hier etwas zu finden, oder gar eine Fehlersuche, schien unmöglich. Nun habe ich eine kaufmännische Ausbildung genossen, Bootselektrik gehört nicht unbedingt zu meinen Kernkompetenzen. Also, was tun? Hier führte mich der Zufall wieder mal zur richtigen Zeit zum richtigen Mann. Ich lernte Herrn Wittorf von der Firma Nav-Tronic kennen, die sich mit Bootselektrik und -elektronik beschäftigt. „Das Refit der Elektrik alter Schiffe" so sagte er mir bei unserem ersten Gespräch, „ist häufig gar nicht so leicht, da die alten Schiffe in aller Regel gar keinen Platz für die heute übliche Elektrik haben."
Ich konnte Herr Wittorf überreden, sich meinen Fall einmal anzusehen. Und so stapften wir an einem wunderschönen, sonnigen und kalten Januarmorgen die letzten 300 Meter durch tiefen Schnee zum Boot. Nachdem er sich alles angesehen hatte, sprach er sich für einen Komplettaustausch aus. Die Elektrik ist im Laufe der Jahre immer mehr gewachsen und

dabei immer unübersichtlicher geworden. Außerdem wurden
Teile verbaut, die man so heute nicht mehr verwenden würde.
Dazu gehörten ganz bestimmt die Reihenklemmen aus der
Haustechnik, in denen z.T. die Kabel mehrerer Verbraucher in
einer Klemme wie bei Lüsterklemmen zusammengequetscht
worden sind. „Da gibt es heute elegantere und weniger
störanfällige Methoden" sagte er. „Natürlich kann ich das alles
neu machen" meinte er dann, „aber wir müssen mit mindestens
10 Arbeitsstunden rechnen."
Alternativ schlug er mir vor, mich mit entsprechenden
Ratschlägen und den erforderlichen Materialien zu versorgen,
damit ich mich selbst daran versuche. „Das kriegen Sie hin, es
ist eigentlich nur eine reine Fleißarbeit" machte er mir Mut.
Am Ende wäre die Elektrik kein Geheimnis mehr und die
Fehlersuche würde sich auch viel einfacher gestalten. Na denn.
Der Anfang war gar nicht so schlimm. Alles Alte musste raus.
Zum Auseinandernehmen bin ich meistens wirklich gut zu
gebrauchen. Alles zwischen den Batterien und den losen
Kabelenden der Verbraucher flog raus, inklusive der alten
Schalttafeln. Der ganze Schrott füllte am Ende eine
Schubkarre.
In einem ersten Schritt identifizierte und kennzeichnete ich
jedes einzelne Kabel. Dabei leistete mir eine mobile
Starthilfebatterie wertvolle Dienste. Dann holte ich die in der
Zwischenzeit eingetroffenen Teile für den Neuaufbau bei Herrn
Wittorf ab. Meterweise Kabel in verschiedenen Stärken und
Farben, Quetschverbinder und, als meine neue „Geheimwaffe",
sogenannte 5er Cage Clamps. Diese Cage Clamps sollten
meine neuen Reihenklemmen werden. Sie sind in ihren
Abmessungen sehr klein und kompakt und preislich ein Klacks
gegenüber den handelsüblichen Alternativen. Die abisolierten

und verdrillten Kabelenden werden einfach nur eingeklemmt. Es gibt je Clamp 5 Abschnitte, in denen je bis zu 4 Kabel in einem Stromkreis zusammen geführt werden können.

Die neuen Reihenklemmen sollten an einer zugänglicheren Stelle montiert werden als die alten. Ich entschied mich für das Schwalbennest über dem Kartentisch. Dieses mit einer Klappe verschließbare Fach war bereits zur Hälfte mit dem eingebauten Autoradio und der Fernüberwachung des Batterieladegerätes belegt. In den verbleibenden Bereich klebte ich mit Pantera (meine Allzweckwaffe!!) eine Bootsbausperrholzplatte senkrecht von innen an die Bordwand. Darauf schraubte ich mittig insgesamt vier Cage Clamps nebeneinander, darunter kam ein Verdrahtungskanal für die von den Verbrauchern ankommenden, darüber einer für die Richtung Schalttafel abgehenden Leitungen (Plus). An der jetzt freien Stelle über dem Kartentisch in der Hundekoje installierte ich die Masseschienen. Dies bedeutete jede Menge Krabbelei und Hineingeschlängel, aber das macht schlank und hält geschmeidig. Andrea hatte manches Mal schon Bedenken, ich säße fest und würde elendig zugrunde gehen oder erfrieren (wir hatten zu der Zeit Minusgrade im zweistelligen Bereich), weil ich teilweise erst lange nach dem Dunkelwerden nach Hause kam. Dann habe ich neue Kabel zwischen den Verbrauchern, den Masseschienen und Reihenklemmen eingezogen. Im Boot sah es zeitweise so aus, wie man es sonst nur von Neubauten kennt. Aus vielen Öffnungen, Löchern und Ritzen hingen meterweise die Kabel heraus. Dann ersetzte ich noch die alten Schalttafeln. Schon immer wollte ich Schalttafeln der Firma Philippi haben, jetzt war es soweit. Diese Tafeln sind nicht ganz billig, aber aufgrund meiner Eigenleistung sind bisher nur geringe Kosten entstanden. Ich kann nur sagen, die sind nicht nur gut, sondern sehen auch noch toll aus, irgendwie so „erwachsen", so „professionell". Bis heute erfreue ich mich an dem Anblick der Schalter, Sicherungsautomaten, Kontrollleuchten und integrierten Instrumenten. Am Ende fehlte nur noch die Verbindung zur Verbraucherbatterie und es war vollbracht. Ich war wirklich stolz und hatte eine Menge gelernt. Die Elektrik hat jetzt ihren Schrecken verloren, ich kenne jedes Kabel beim Vornamen. Das Erstaunlichste daran war, das alles auf Anhieb funktionierte. Die ganze Elektrik ist außerdem so angelegt, dass sie problemlos erweitert werden kann, falls weitere Verbraucher dazu kommen sollten. Ein neuer Verbraucher, der aber schon bei der Planung berücksichtigt worden ist, wurde im Zuge dieser Arbeiten eingebaut. Dabei handelte es sich um einen Wetterempfänger „Target 147" der Firma NASA. Dieses Gerät empfängt die Seewettermeldungen mit deutschem Klartext auf 147.3 kHz, die vom Deutschen Wetterdienst über den Sender in Pinneberg ausgestrahlt werden. Die Reichweite kann bis zu 500 sm betragen. Der Wetterempfänger war übrigens das einzige Teil, welches ich vor dem Verkauf aus unserer BA 24 ausgebaut habe. Ansonsten bin ich kein Freund davon, ein Boot anzubieten, in dem überall Löcher von ausgebauten Instrumenten oder Geräten zu finden sind. Unsere „Naviecke" war damit vollständig und besteht nun aus besagtem Wetterempfänger, einem Navman 7100 DSC-UKW Funkgerät und einem Furuno GPS GP 32. Um mit Vereinsbooten kommunizieren zu können, die nicht über eine UKW-Funkanlage verfügen, können wir gegebenenfalls ein CB-Funkgerät in Betrieb nehmen. An einem Bügel auf dem Schiebeluk kann bei Bedarf ein älterer Kartenplotter Geonav 7 wide gefahren werden. Diesen hatten wir mit dem Schiff mit gekauft, wir nennen ihn liebevoll „Harry Plotter". An der Backbordseite des Cockpits befindet sich das kombinierte Echolot/ Log „Echopilot Bronze Trio". Über eine Datenleitung ist es mit dem GPS verbunden, so dass über dieses Gerät auch die GPS Wegepunkte und Steuerdaten angezeigt werden können. Umgekehrt kann es die Tiefenangaben an den Kartenplotter weitergeben. Schließlich verfügen wir mit einem Toshiba Netbook NB 510 noch über einen kleinen Bordcomputer, mit dem wir u.a. den Zugang zum Internet sicherstellen. Das alles ist zwar nicht mehr "state of the art", wie man heute so schön sagt, handelt es sich bei allen Geräten doch um sogenannte "stand allone" Lösungen, d.h. für jeden Geber gibt es ein eigenes Anzeigegerät. Moderner sind Systeme, bei denen die Geber ihre Daten an ein einziges Anzeigegerät, eine Multifunktionsanzeige übertragen. Aber was soll`s, es funktioniert alles und wir kommen damit klar.

Damit ruhten die Arbeiten vorerst, den letzten wichtigen Punkt auf meiner Liste wollte ich im Frühjahr angehen: den Austausch einiger Seeventile.

Im Laufe der Zeit sind in verschiedenen Segelsportmagazinen diverse Artikel zu diesem Thema erschienen. Darin wurde besonders von ungeeigneten und darum vergammelten, ja völlig aufgelösten Ventilen aus Messing berichtet, die reihenweise Boote absüppeln ließen. Das machte mir Angst. Einige unserer Ventile sahen genauso aus wie in den Berichten. Wir konnten froh sein, nicht schon längst zu einem Fall für die Assekuranz geworden zu sein. Dringender Handlungsbedarf, und zwar rapido! Na ja, ganz so dramatisch war es wohl noch nicht. Auf jeden Fall mussten die Ventile der beiden achteren

Cockpitlenzer getauscht werden. Die wurden wohl mal nachgerüstet, da serienmäßig nur vorn zwei Lenzer sind, das Wasser aber häufig hinten im Cockpit stehen bleibt und dann eben nicht abfließt. Im Ansatz ist diese Nachrüstung daher sehr begrüßenswert, für die Ausführung gibt es aber Punktabzug, da an dieser Stelle alte Schieberventile verbaut worden sind. Diese Ventile zeigten bereits deutliche Spuren von Korrosion und waren schon recht schwergängig. Die Ventile für Kühlwasser und Spüle sollten ebenfalls erneuert werden, die beiden Ventile für das Bord-WC waren noch gut. Vor dieser Arbeit hatte ich einen Heidenrespekt, musste man doch mit „schwerem Gerät" arbeiten und konnte dabei einigen Schaden anrichten. Erleichtert hat mich die Tatsache, dass die Ventile komplett, also Borddurchlass, eigentliches Ventil und Schlauchanschluss ausgetauscht werden sollten. Beim Austausch kam es also nur darauf an, den Rumpf nicht zu beschädigen, der Rest war sozusagen „latte". Das kriegst du hin, sagte ich mir. Ganz vorsichtig machte ich mich mit einer Flex mit Schruppscheibe daran, den Flansch vom Borddurchlass von außen abzuflexen. Zu meiner großen Überraschung klappte das völlig problemlos. Nicht mal angekratzt habe ich den Rumpf. Damit ich nicht zu euphorisch wurde, gestaltete sich der Einbau der neuen Ventile deutlich schwieriger. Ursprünglich wollte ich neue Kugelventile aus Kunststoff einsetzen. Diese waren aber viel zu groß für den vorhandenen Platz. Also entschied ich mich für Ventile aus Edelstahl, bei den Cockpitlenzern aus Platzgründen sogar für eine Kombination aus Edelstahl (Ventil) und Kunststoff (Borddurchlass leicht einkürzbar und Schlauchanschluss mit rechtem Winkel). Die Kombination dieser beiden Materialien ist problemlos möglich.

In jedem Fall musste ich aber wegen der Enge oder des geringen Abstandes der Löcher wie im Fall Kühlwasser und Spüle die Ventile zuerst komplett im Boot zusammensetzen. Erst danach konnte ich den Borddurchlass, mit entsprechender Dichtmasse versehen, festziehen, damit sich am Ende auch alles in der richtigen Position befindet. Viel Fummelei, für die ich natürlich wieder Hilfe in Anspruch nehmen musste.

Das Eindichten der Ventile selbst dagegen war leichter als gedacht. Die gängigen Methoden sehen die Verwendung von Hanf und Fermit oder Teflonband vor. Mir wurde hingegen ein sogenannter Teflonfaden empfohlen, den man je nach Ventilgröße in der auf der Dose angegebenen Anzahl von Wicklungen in die Rillen des zuvor angerauten Gewindes legt. Anschließend werden die Teile zusammengeschraubt und fertig. Es funktioniert tatsächlich einwandfrei, meine Befürchtungen, die Verbindungen könnten nicht ganz dicht sein, waren völlig unbegründet.

Damit war mein Winterarbeitsprogramm erledigt. Technik und Sicherheit waren nun „up to date", im nächsten Winter kann ich mich schwerpunktmäßig mit der Optik beschäftigen. Am 26. April 2013 kam das Boot ins Wasser und wurde gleich am darauf folgenden Tag von Erik und mir nach Kappeln verholt. Dort sollte der hergerichtete Mast gestellt werden. Dann folgte noch etwas, wofür ich noch einmal die Hilfe der Bootsbauer in Anspruch nehmen wollte. Bereits im vergangenen Oktober hatte ich mit der Firma Janssen und Renkhoff besprochen, dass Großfall, Dirk und Baumniederholer nach achtern ins Cockpit umgelenkt werden sollten. Wegen der starken Kräfte, die vor allem beim Großfall auftreten können, sollten sich die Experten damit beschäftigen. Und so wurden passende

Umlenkrollen und sogenannte Organizer ausgesucht und auf dem Aufbau montiert, unter der Sprayhood eine Hebelklemme, Curryklemmen und eine Andersen Winsch vom Typ 28 ST angebracht. Für die Leinenführung wurden an den richtigen Stellen Löcher in den sogenannten „Wellenbrecher" gebohrt und anschließend Edelstahlröhrchen darin verklebt. In der Zwischenzeit montierte ich noch eine kleine Solaranlage auf der Schiebelukgarage, die ich schon länger zu Hause liegen hatte. Sie sollte an unserem Liegeplatz im Bojenfeld immer für eine volle Verbraucherbatterie sorgen. Hinsichtlich Sicherheit, Technik und Handling ist das Boot jetzt auf einem relativ aktuellen Stand. Mit dieser Ausrüstung und in diesem Zustand sollte uns das Boot sicher über die Ostsee segeln können.

Am 17. Mai 2013 war endlich alles fertig. Die Segel, darunter auch ein neues Groß, waren angeschlagen, einem ersten Test stand nichts mehr im Wege. Oder, wie es Arved Fuchs einmal in einem seiner Bücher beschrieben hatte, erst im Betrieb zeigt sich, wo es hapert. Wir brachen auf zu einer Probefahrt, die ganz im Zeichen des diesjährigen Bandholm-Treffens in Schausende in der Flensburger Förde stand. Dieses Jahr wollten wir das Boot unbedingt vorführen, stand es doch vergangenes Jahr zu dieser Zeit in Kappeln an Land. Wann immer möglich, nehmen wir an diesen Pfingsttreffen teil. Ursprünglich gegründet für die BA 24 als DSV-Einheitsklasse, steht sie heute allen Bandholmtypen offen. Es sind gesellige Treffen, bei denen gemeinsames Grillen, eine Spaßregatta und Ausflüge in die Umgebung das Programm bestimmen. Außerdem, für mich wieder ganz wichtig, werden Erfahrungen ausgetauscht, Tipps gegeben und gegenseitig Boote besichtigt. Es wurde ein entspanntes und unterhaltsames Wochenende, das seglerisch von schwachen Winden bis hin zu totaler Windstille geprägt war. Nachdem wir schon auf dem Hinweg einen Teil der Stecke motoren mussten, geriet die Rückfahrt zu einer reinen Motorbootfahrt. Hinzu kam noch Nebel, so dass man in der Außenförde den Uferstreifen nicht mehr sehen konnte. Obwohl wir den Steuerkurs Richtung Kalkgrund vorab der Karte entnommen hatten, wurden wir mit zunehmender Zeit und abnehmender Sicht immer unsicherer, noch auf dem richtigen Kurs zu sein. Dies war der Moment, wo unser 4-tes Besatzungsmitglied erstmals zum Einsatz kam: Harry Plotter. Weder Plotter noch Karte sind auf dem neuesten Stand, trotzdem zeigte er uns zuverlässig an, auf dem richtigen Kurs zu sein. Aus den Bordlautsprechern klang Santiano, während wir über eine spiegelglatte See durch den Nebel motorten – eine interessante Erfahrung.

Trotz der nur schwachen Winde an diesem Pfingstwochenende konnten wir feststellen, dass sich die Winterarbeiten gelohnt haben. Das Knacken vom Hauptschott ist weitgehend weg, die Elektrik funktioniert einwandfrei und das Segelsetzen vom Cockpit ist eine große Erleichterung. Dem großen Sommertörn steht nichts mehr im Wege.

Der Sommertörn 2013

Diese Kapitel wird nicht ganz ohne eine Beschreibung unserer Erlebnisse auskommen, sollte dieser Törn uns doch in Gebiete führen, in denen wir bisher noch nicht waren. Erfahrene Ostseesegler werden darüber wohl nur milde lächeln, wir jedoch betreten Neuland. Wenn wir mit dem Segelboot unterwegs sind, steht nicht das sogenannte „Meilenfressen" im Vordergrund. Wir wollen etwas Neues sehen und erleben. Diese Art zu reisen führt dazu, Dinge anders, v.a. viel bewusster wahr zu nehmen. Das möchten wir nicht dadurch kaputt machen, indem wir in möglichst kurzer Zeit möglichst viele Meilen zurücklegen – segeln ist nicht Auto fahren. Wo es uns gefällt, bleiben wir halt etwas länger.

Bereits im vergangenen Jahr hatten wir uns mit Conni und Peter von der „Svea" darauf verständigt, gemeinsam auf Tour zu gehen. Dabei hoffen wir, das ihre HR 31 Monsun und unsere BA 28 nicht zu unterschiedlich sind und so wirklich gemeinsames Segeln möglich sein wird. Die Monsun ist etwas größer und trägt mehr Segelfläche, dafür ist sie aber auch deutlich schwerer und hat durch den Langkiel mehr benetzte Fläche. Wir gehen davon aus, das sich das irgendwie ausgleicht. Als Route haben wir uns ganz grob rund Fünen mit möglichen Abstechern ins Kattegat und nach Seeland vorgenommen. Die Tagesziele wollten wir dabei vom Wetter und v.a. vom Wind abhängig machen.

Die Kieler Woche 2013 ist zu Ende und das für diese Zeit typische Schmuddelwetter wird besser. Knapp eine Woche später bricht der Sommer aus, der uns für die nächsten sechs

Wochen auch nicht mehr verlassen sollte. Das Boot liegt am Steg und ist bereit. Kleidung und Proviant sind verstaut, Wasser und Diesel sind gebunkert. Am 08. Juli um 12.10 Uhr legen wir ab.

Über Funk verabredeten wir uns mit der „Svea" in Schleimünde. Früher als Lotseninsel bezeichnet, ist die Halbinsel Schleimünde heute wegen des angrenzenden Vogelschutzgebietes nur mit dem Boot zu erreichen und bei Wassersportlern sehr beliebt. Der Hafen ist oft überfüllt, und so liegt unser letzter Besuch auch gut 10 Jahre zurück. Daher genossen wir nach langer Zeit einmal wieder diese besondere Atmosphäre in Schleimünde, die uns sofort in Urlaubsstimmung versetzte.

Wir hatten uns entschlossen, Fünen im Uhrzeigersinn, also rechts herum zu umrunden. Daher segelten wir am nächsten Morgen zunächst mit Generalkurs Nord Richtung Fynshav.

Auf dieser Etappe zeigte sich, dass wir auf jeden Fall die Fock (bzw. Genua 3) gegen die größere Genua 2 tauschen mussten, um mit der Monsun mithalten zu können. Die „Svea" trägt eine neue Genua 1 und ist damit maximal besegelt.

Auf der Strecke Fynshav – Bagø, der kleinen Insel mitten im kleinen Belt, konnten wir mit der „Svea" ganz gut mithalten. Ablegen und Segel setzen klappten bei uns schneller, so dass wir immer einen kleinen Vorsprung hatten, den wir auch meistens bis zum Zielhafen halten konnten. Dabei blieben die Boote aber immer in Sichtweite zueinander. Fairerweise muss ich aber dazu auch sagen, dass wir zu dritt waren. Eine Person mehr hilft schon sehr bei den Manövern.

Über die Stationen Middelfart und Bogense führte uns ein Abstecher nach Samsø. Auf dieser etwa 30 Meilen langen Etappe mussten wir erstmals feststellen, dass wir von der „Svea" regelrecht abgehängt wurden. Zwar waren wir wieder schneller aus dem Hafen und auf Kurs, schon nach kurzer Zeit jedoch zog die Monsun bei frischem Wind aus W-NW an uns vorbei und war bald darauf auf und davon. Das überraschte mich nun doch, und ich fragte mich, was wir falsch machten. Am Ende war es mehr als eine halbe Stunde, die die „Svea" vor uns am Ziel war. Es wäre wahrscheinlich auch noch mehr geworden, hätten wir in Lee der Insel etwa auf Höhe des Leuchtfeuers Lushage nicht noch das Groß gesetzt. So konnten wir am Wind segelnd noch etwas Zeit gut machen.

Von einem Ereignis muss ich noch berichten. Plötzlich ertönte unter Deck ein lautes Alarmsignal. Im ersten Moment konnten wir es überhaupt nicht zuordnen, wir hatten es noch nie zuvor gehört. Ich stürzte unter Deck. Nach kurzer Orientierung machte ich das UKW Funkgerät als Verursacher des Alarms aus. Ich wusste nicht um die Bedeutung dieses Signals und machte daher das Gerät erst mal aus und gleich wieder an. Auf Kanal 16 verfolgten wir dann einen Seenot – Funkverkehr in deutsch – dänisch – englischer Sprache. Eine Segelyacht mit zwei Personen an Bord hatte einen Wassereinbruch und drohte zu sinken. Aus diesem Vorfall zog ich die Lehre, mich mehr mit dem Funkgerät zu beschäftigen, um es im Notfall auch richtig nutzen zu können.

Noch ein Wort zu Samsø. Es ist bestimmt eine schöne Insel,

und ich tue ihr wohl auch Unrecht, wenn ich sage, ich wollte sofort wieder weg. Der Hafen war um halb zwei bereits voll, wir lagen neben „Svea" in einem 4 er Päckchen. Das ist für Samsø in der Hauptsaison wohl völlig normal. Nicht begeistert war ich jedoch, als die halbstarken Besatzungen mehrerer Motorboote am Steg gegenüber anfingen, Stühle, Bierkisten und Ghettobluster auf den Steg zu stellen, um sich dann bei voller Lautstärke zu betrinken. Das brauche ich beim Segeln nicht. Als wir dann auch noch vom Hafenmeister erfuhren, dass für den nächsten Tag wegen eines Festivals mindestens weitere 100 Boote erwartet wurden, strichen wir einen geplanten Landausflug mit Mietfahrrädern und fuhren am nächsten Tag weiter.

Unser Ziel für diesen Tag war Kerteminde. Aus den angekündigten 3 Bft wurden schnell im Mittel 5, in Böen auch mehr. Zuviel für Genua und Groß, noch bevor wir aus der Landabdeckung von Samsø heraus waren, nahmen wir das Groß ganz weg. Trotzdem lag die Geschwindigkeit relativ konstant bei rund 6 kn. Mit halbem Wind steuerten wir den Durchgang zwischen den beiden Untiefen Bolsaks im Westen und Falske Bolsaks im Osten an. „Svea" dagegen wählte den Weg direkt auf Fynshoved zu, wir verloren sie bald darauf aus den Augen.

In Lee der Nordspitze Fünens konnten wir zwei große Tanker vor Anker liegen sehen. Ein gleichermaßen ungewohnter wie beeindruckender Anblick. Weit an Backbord konnten wir einen dritten Tanker erkennen, der sich aber in Fahrt befand und ebenso wie wir auf Südkurs war. Wir nahmen an, dass er auf dem Weg durch die Storebelt – Brücke war, die wir in einiger

Entfernung bereits ausmachen konnten. Kurze Zeit später jedoch bemerkten wir, dass der Tanker seinen Kurs geändert haben musste, die Bugwelle kam jetzt auf uns zu. Gleich darauf wurden wir dann auch mit dem Signalhorn gewarnt. Im Logbuch steht vermerkt:" Ich fasse es nicht, ein Supertanker vor Nordfünen, und wir müssen ausweichen." Wir mussten in den Wind gehen und warten, bis das riesige Schiff an uns vorbei war. Bei dem Tanker handelte es sich um die „Iasonas", 250 m lang, 44 m breit, knapp 63.000 tons. Wie wir später anhand der AIS – Daten aus dem Internet erfahren haben, befand es sich auf dem Weg nach Fredericia und von dort weiter nach Port Said / Ägypten. Eine mit drei rot – grünen Tonnenpaaren gekennzeichnete Rinne mit ausreichend Tiefe führt nördlich Lillegrund von Ost nach West.

Bei etwas nachlassendem Wind konnten wir später das Groß wieder setzen, zwei lange Kreuzschläge brachten uns direkt vor die Hafeneinfahrt von Kerteminde. Hier waren wir noch nie zuvor, und so nahmen wir das Angebot, 3 Tage bleiben, 2 Tage bezahlen, gerne an. Es hat sich gelohnt, ein hübscher Ort in wunderschöner Umgebung.

Die Windverhältnisse am Abreisetag sprachen eigentlich für eine weiteren Hafentag. Aber wir mussten unseren Liegeplatz ohnehin räumen, also konnten wir auch gleich los. Die vor uns liegende Etappe sollte uns durch die Storebelt – Brücke führen. Wir hatten uns vorab im Revierführer Ostsee über Routen und Durchfahrtshöhen informiert. Kleinere Schiffe und Segelboote können unangemeldet die westliche Passage nutzen. Hier im sogenannten „Vesterrenden" führen je eine 70 m breite und 18 m hohe Durchfahrt in nördlicher bzw. südlicher Richtung unter der Vesterbroen hindurch. Die Ansteuerungsbetonnung ist erst recht spät auszumachen, es wehte ein starker NW und in Verbindung damit stand ein starker Strom – eine ebenso neue wie aufregende Erfahrung. In die Bucht nach Nyborg mussten wir gegen Wind und Welle motoren, eine ganz üble Bolzerei. Nyborg liegt etwas abseits der „Hauptroute". Dies ist wohl auch der Grund, warum man hier i.d.R. keine Liegeplatzprobleme hat. Von dem Ort selbst, v.a. vom Nyborg Slot, waren wir restlos begeistert, es ist wunderschön hier. Man kann auf den umfangreichen Wallanlagen und in der angrenzenden Altstadt ausgedehnte Spaziergänge machen. Die weiteren Etappen führten uns über Dageløkke auf Langeland, Vindeby im Svendborgsund, Skarø und Ærøskøbing nach Søby. Hier in der „Dänischen Südsee" sind die Häfen zur Hauptferienzeit häufig völlig überfüllt, dies gilt vor allem für Ærøskøbing. Man muss schon frühzeitig im Hafen sein, um noch einen Liegeplatz zu bekommen. Dies führt natürlich dazu, dass man so manches Mal den herrlichen Segelwind gar nicht richtig nutzen kann.

Bis jetzt ist alles glatt gegangen, wir sind zügig voran gekommen und haben bisher keinen Tag wegen schlechten Wetters oder Starkwind verloren. Daher fassten wir den Plan, nach Fünen rund noch eine Umrundung von Als dran zu hängen. Damit hätten wir dann eine kleine 8 in die Ostsee gesegelt.
Der anfangs schwache, später etwas auffrischende Wind aus SE kam diesem Plan durchaus entgegen. Richtung NW ging es vor dem Wind vorbei an Lyø und Hornæs bis zur Untiefe Lillegrund. Hier konnten wir anluven, die Geschwindigkeit stieg auf über 5 kn. Hatten wir die „Svea" bis dahin immer

achteraus in Sichtweite, so holte sie jetzt langsam aber beständig auf, um uns etwa auf Höhe des Leuchtturms Nordborg zu überholen. Woran lag das, was machten wir plötzlich falsch? Noch hatten wir keine Ahnung, erst nach unserer letzten gemeinsamen Etappe sollten wir den Grund dafür erfahren.

Wir wollten mal wieder eine Nacht vor Anker verbringen, und so fiel gegen halb fünf der Anker in der Mjels Vig auf drei Meter Tiefe. Es wurde ein ruhiger Abend. Im Logbuch steht: „Abends regnet es leicht. Und die Fliegen kommen. Kaum Abkühlung."

Am nächsten Tag war es heiß, die Sonne brannte, und es war windstill. Unter Motor gelangten wir durch den Als Fjord und den Als Sund in die Marina von Sonderburg. Aus dem Logbuch: „Die Luft steht, die Hitze ist enorm. Einziger Ausweg: baden gehen." Alle Zeichen sprachen für ein Unwetter. Gegen 19.00 Uhr ging es los. Der Himmel verfinsterte sich, Sturmböen walzten über uns hinweg, der Regen peitschte nahezu waagerecht. Für uns wieder mal die Gelegenheit, das Heimkino zu bemühen. Über Erik`s Laptop haben wir uns den 13. Krieger angesehen. Es war richtig gemütlich, draußen das Unwetter, wir warm und trocken unter Deck.

Die Strategie für den nächsten Tag lautete, mal sehen, was kommt. Das Ziel sollte Maasholm sein. Die Wetterberichte am Vortag waren sich nicht einig, die Vorhersagen reichten von Gewitterböen bis Schwachwind aus SE. Beides nicht ideal.

Der Wetterbericht um 09.45 Uhr vermeldete plötzlich nur für diesen Tag mäßige bis frische Winde aus W-SW, danach wieder schwache Winde aus SE. Dieses Wetterfenster wollten wir ausnutzen. Also los. Die Crew der „Svea" wurde von dem Entschluss etwas überrascht, zog aber mit. Auch jetzt mussten wir wieder feststellen, dass unser anfänglicher Vorsprung immer weiter zusammen schmolz, bis die „Svea" vor Schleimünde wieder vor uns lag. Beim anschließenden gemeinsamen „Anlegecappucino" kamen wir endlich auf die Lösung. Ab einer bestimmten Geschwindigkeit fängt die Welle an mitzudrehen. Anfangs quietscht sie dabei zuweilen etwas, wird das Boot noch schneller, hören sich Propeller, Welle und Getriebe an wie ganz fernes Donnergrollen. Das ist dann der Moment, wo ich den Rückwärtsgang einlege, um Ruhe zu haben. Das bremst natürlich gewaltig, ein dreiflügeliger Festpropeller von 16 Zoll Durchmesser erzeugt einen großen Wasserwiderstand. Bei der „Svea" läuft die Welle immer mit, egal, welche Geräusche sie dabei macht. Im Ergebnis wird sie dadurch mit zunehmender Geschwindigkeit immer schneller als wir. Das können schließlich bis zu 1,5 kn sein. Daran muss ich etwas ändern, zumal es mir nach wie vor nicht gefällt, dass ich den Schalthebel nicht so ohne weiteres wieder in die Neutralstellung bringen kann.

Der Abend endete mit einem „Captains Diner" im Restaurant Schunta in Maasholm. Am nächsten Tag trennten sich unsere Wege, die „Svea" musste in Richtung Eckernförder Bucht, wir dagegen die Schlei hinauf. Am 29.07.2013 war unser Sommertörn nach 22 Tagen und 306 sm zu Ende.

Fazit: Es war ein gelungener Törn. Das Wetter war überdurchschnittlich gut, wir hatten meistens Sonne, es war warm und es hat niemals tagsüber geregnet. Der Wind wehte mit Windstärken zwischen 0 und 6 Bft, in den Böen war es manchmal auch etwas mehr. Nie jedoch hatten wir Starkwind oder gar Sturm, wenn man von dem abendlichen Gewitter in Sonderburg einmal absah.

Dänemark präsentierte sich wieder mal von seiner lieblichsten Seite. Die dänischen Häfen sind gemütlich, in aller Regel gut ausgestattet, fast alle bieten Grillmöglichkeiten, viele haben eine Badestelle in unmittelbarer Nähe. Von beiden, vor allem von den Bademöglichkeiten, haben wir ausgiebig Gebrauch gemacht.

Das Boot hat sich bestens bewährt und zeigte sich für unsere Zwecke als sehr gut geeignet. Segeleigenschaften, Geschwindigkeit und Handling waren mehr als zufrieden stellend. Mit zunehmender Übung trauten wir es uns zu, in den Häfen auf der Suche nach freien Liegeplätzen auch in die hintersten Ecken zu fahren. Die technischen Ausfälle, die wir im Laufe des Törns zu verzeichnen hatten, waren nicht gravierend und betrafen auch nicht meine Winterarbeiten oder bisher unbekannte Schwachstellen.
Unsere große Borduhr, die, am Hauptschott befestigt, auch vom Cockpit aus gut abzulesen ist, stellte ihren Dienst ein. Ein Fall für die Gewährleistung. Unser Wetterempfänger zeigte eines Tages nichts Sinnvolles mehr an. Wie sich herausstellte, war in die Antenne durch eine lose Dichtung Wasser eingedrungen, wodurch mehrere Lötstellen abgerostet waren. Ein Fender war durch ein undichtes Ventil unbrauchbar geworden – das war es aber auch schon.

Natürlich hatte ich während des Törns den einen oder anderen Verbesserungsbedarf festgestellt. Die Sache mit dem Propeller hatte ich schon erwähnt. Was mir darüber hinaus überhaupt nicht gefiel, war die Führung der Genuaschot. Die Schot führt vom Schothorn über die innenliegende Genuaschiene auf die äußere Genuaschiene und von dort auf die Winsch. Im Ergebnis hat man also eine Leine kreuz und quer über das Laufdeck gespannt. Das birgt eine nicht unerhebliche Stolpergefahr. Zudem ist die Zugrichtung so hin und her nicht wirklich ideal. Bei der „Svea" gibt es dieses Problem auch, dort wurde es gelöst, indem ein Block mit einem Bändsel an einer Relingsstütze befestigt wurde. Bei den auftretenden Kräften eine enorme Belastung für die Stütze und meines Erachtens nicht empfehlenswert. Unterwegs hatte ich mir bei anderen Booten diverse Anregungen für Alternativen abgeguckt, ich war mir sicher, das bekommt man besser hin.

Noch ein Wort zum gemeinsamen Segeln. Dieses sogenannte „Flottillensegeln" kann durchaus eine Bereicherung darstellen. Man ist nicht allein, hat Gesellschaft, man kann sich gegenseitig unterstützen und im Notfall helfen. Nach unserer Erfahrung sollte man sich allerdings vorab darüber austauschen, welche Erwartungen man an das gemeinsame Segeln hat. So sollte es möglich sein, auch mal einen Abend alleine oder woanders zu verbringen, ohne dass der andere sich zurückgewiesen fühlt. Es müssen auch Gespräche mit anderen Crews oder Liegeplatznachbarn möglich sein, man will sich ja nicht abschotten.

Das alles klappte bei uns gut, es bestand anfangs lediglich eine gewisse Unsicherheit darüber, ob der jeweils andere abends

Gesellschaft wünschte oder nicht. So vergingen die ersten Tage, bei denen wohl jeder auf den anderen wartete, den Anfang zu machen. Schließlich rauften wir uns zusammen. Man besprach sich, welche Pläne man hatte, und wenn die übereinstimmten, dann machte man etwas gemeinsam, und wenn nicht, dann eben nicht. Niemand war dem anderen dann böse. Von mir einmal abgesehen, waren alle anderen Besatzungsmitglieder leidenschaftliche Spieler. Damit meine ich Gesellschaftsspiele. Daher fanden wir uns gelegentlich zum Spielen abends auf einem der Boote ein. Meistens war es die „Svea", da die über einen recht großen Cockpittisch verfügt. Zum absoluten Hit avancierte aber Poker. Erik hatte seinen Pokerkoffer mitgenommen (das war vorher auch so abgesprochen), und so wurde an so manchem Abend heftig gezockt. Wie schon gesagt, ich bin sonst nicht so der Spieler, aber ich muss zugeben, das hat was. Im Cockpit sitzen, ein Spiel in netter Runde, dazu ein Glas Rotwein, die Sonne geht langsam unter, die Petroleumlampe verbreitet ein angenehmes Licht – solche Momente kann man schon genießen.

Direkt nach dem Urlaub machte ich mich an die Änderung der Schotführung. Das sollte auf keinen Fall bis zum Winter warten. Viele andere Boote, so hatte ich gesehen, haben an der häufig abgeschrägten Süllaußenseite einen in das GFK eingeformten Sockel, auf dem je nach Bootsgröße eine Leitöse oder gar eine Umlenkrolle befestigt ist. So ein Sockel fehlt bei der BA 28. Er dient in den meisten Fällen dazu, die Schot von der Süllkante fernzuhalten und die Schot gezielt auf die Winsch zu führen. Ein direkter und kurzer Weg, genau so wollte ich es auch auf unserer „Lagom" haben. Dazu bohrte ich mit einem Topfbohrer aus Resten eines alten Teakholzsofas zwei je 30 mm starke und gut 50 mm im Durchmesser messende Stücke heraus, die ich als Sockel verwenden wollte. Zusammen mit zwei 16 mm Leitösen verbolzte ich das Ganze schön fluchtig an der Süllaußenseite. Eine Leitöse reicht bei der Vorsegelgröße völlig aus, es muss keine Rolle sein. Der ganze Aufbau kann dadurch auch recht klein gehalten werden. Et voila: die Schot wird auf kurzem und direkten Weg zur Winsch geführt, der Süllrand ist auch nicht in Gefahr – perfekt! Alles andere musste bis zum Winter warten.

Der dritte Winter

Das Boot wird ab jetzt im Winterlager bei der Firma Ancker in Kappeln überwintern. Natürlich gibt es hier auch nichts geschenkt, aber der Service und die Unterstützung der hier ansässigen Firmen macht vieles leichter. Außerdem muss ich dann nicht mehr mit dem Trecker kilometerweit durch die Gegend gondeln.

Sofort nach dem Aufslipen habe ich mich mit Herrn Keinberger beraten. Es musste etwas geschehen. Aufgrund des Propellerbrunnens kam nur ein Drehflügelpropeller infrage, für einen Faltpropeller ist nicht genug Platz. Bei einem Drehflügelpropeller drehen sich die Flügel bei Segelbetrieb waagerecht in die Segelstellung und bieten somit kaum Widerstand. Ob der Platz für so einen Drehflügelpropeller reicht, wird sich zeigen.

Herr Keinberger hat im Laufe der Zeit gute Erfahrungen mit Propellern der Firma SPW (Schiffspropeller und Wellenanlagen) in Bremen gemacht. In der Bandholmvereinigung haben ebenfalls bereits einige Mitglieder ihre Boote umgerüstet und sind sehr zufrieden.

Für die Hanseboot wird ein Treffen mit Herrn Keinberger und Frau Adamczyk von der Firma SPW vereinbart. Funktionsweise, Vor- und Nachteile werden diskutiert. Die Vorteile liegen auf der Hand, der Propeller dreht sich beim Segeln in die Segelstellung, die Welle dreht sich nicht mehr mit, das Boot wird schneller und ich muss nicht mehr den Rückwärtsgang einlegen. Die Nachteile sollten aber auch nicht verschwiegen werden. Damit die Flügel sich durch den Wasserdruck von allein in die Segelstellung drehen können, müssen sie anders geformt sein, als ein Festpropeller. Darunter leidet der Wirkungsgrad, außerdem kann es zu Kavitation kommen. Letzteres zu verhindern ist Aufgabe des Propellerherstellers, indem er die Flügel und besonders deren Enden genau berechnet und formt. Mit dem geringeren Wirkungsgrad wird man leben müssen. Ein Festpropeller ist für die Motorfahrt optimiert, ein Drehflügler kann das nicht leisten. Aber zum einen haben wir ein Segelboot, also sollte die Fahrt unter Segeln optimiert werden, zum anderen hat der Motor ausreichend Leistungsreserven, so dass sich der geringere Wirkungsgrad nicht so sehr bemerkbar machen wird. Hoffe ich jedenfalls.

Wir einigen uns darauf, es mit einem dreiflügeligem 16 Zoll Propeller zu versuchen. Falls es doch nicht klappen sollte, können wir ihn zurückgeben, da es sich um einen Standardpropeller handelt, bei dem nur die Anschläge für Vorwärts- und Rückwärtsfahrt individuell eingestellt werden müssen.

Nach Lieferung des Propeller tauchten zwei Schwierigkeiten auf. Der Einbau gelingt nur, wenn zuvor das Getriebe ausgebaut und die Welle gelöst und nach innen gezogen wird. Das war aber in einer halben Stunde erledigt. Viel spannender war die Frage, ob der Propeller in den Ausschnitt passt. Die drei Flügel dürfen auch in Segelstellung nirgends anstoßen. Es ist knapp, aber es passt. Zur Sicherheit werden die Bootsbauer von Janssen und Renkhoff noch an der einen oder anderen Stelle etwas Material wegschleifen und die Stellen anschließend wieder versiegeln.

Im Verlauf dieser ganzen Aktion fanden wir eine weitere Besonderheit, mit der niemand gerechnet hatte. Für die Berechnung des passenden Propellers und dessen Einstellung musste ich angeben, ob der bisherige Propeller rechts- oder linksdrehend ist. Er ist linksdrehend. Da das Getriebe in Vorausfahrt normalerweise aber rechtsdrehend ist, ist diese Zusammenstellung sehr ungewöhnlich. Sie funktionierte auch nur, weil die Untersetzung dieses Getriebes für Vorwärts- wie für Rückwärtsfahrt annähernd gleich ist. Das ist längst nicht überall der Fall und hätte bei einem anderen Getriebe zu schweren Schäden führen können. Entweder wurde beim Tausch des alten Bukh Diesels gegen den jetzigen Yanmar der vorhandene Propeller einfach drangelassen, oder es wurde aus Kostengründen ein passender gebrauchter, aber leider linksdrehender Propeller montiert. Damit das überhaupt funktioniert, hat man einfach die Bowdenzüge für vorwärts und rückwärts am Schalthebel getauscht. Schaltet man nun auf Fahrt voraus, läuft das Getriebe rückwärts und umgekehrt. Auch nicht gerade ideal. Aber auch das kann jetzt wieder geändert werden. Ein Grund mehr für die nicht gerade billige Umrüstung.

In der Zwischenzeit ging ich einer Sache auf den Grund, die mir schon lange schwer im Magen lag. Die Last der Püttinge für die Ober- und die vorderen Unterwanten werden durch solide Bandeisen und Winkel aus Edelstahl in die Schotten und damit in die Rumpfstruktur weiter geleitet. Für die hinteren Unterwanten gibt es auf unserer Bandholm jedoch keine solche Konstruktion. Nun habe ich mir, wie schon berichtet, bei den

Bandholmtreffen mehrere andere Boote dieses Typs angesehen. Ausnahmslos alle hatten auch für die hinteren Unterwanten mehr oder weniger aufwendige Konstruktionen, die die Kraft der Püttinge aufnehmen und in die Rumpfstruktur weiterleiten. Warum nicht bei unserem Boot? Es gibt keine augenfälligen Verformungen im Bereich der Püttinge an Deck, auch sind keinerlei Haarrisse zu sehen, die auf eine Überlastung hindeuten. Unter Deck ist nichts zu sehen, alles ist von der Holzverkleidung verdeckt. Es hilft alles nichts. Um zu sehen, ob eine Verstärkung irgendeiner Art verbaut worden ist, muss ich Löcher in die Verkleidung bohren. An einer möglichst unauffälligen Stelle bohre ich mit einem Forstnerbohrer ein etwa 20 mm großes Loch in die Verkleidung unterhalb der Püttinge und schaue mit einer Hohlraumkamera hinein. Zunächst konnte ich nichts erkennen und dachte schon, die Püttinge wären einfach nur durchs Deck gebolzt. Dann bemerkte ich einen metallische Schimmer und sah genauer hin. Zur Lastaufnahme sind die Püttinge mit ca. 200 mm mal 50 mm großen und 5 mm starken Edelstahlplatten verbolzt, die zudem in ihrer gesamten Länge auf etwa 10 mm im rechten Winkel gebogen sind, wodurch eine zusätzliche Versteifung erzeugt wird. Das ist jetzt nicht die ganz große Bootsbaukunst, scheint aber all die Jahre dem Deck genügend Festigkeit gegeben zu haben. Das bleibt jetzt so, immerhin besser als gar nichts.

Die restlichen Winterarbeiten sind schnell aufgelistet, es waren ja nicht mehr so viele. Unter den Vorschiffskojen mussten noch ein paar angebrochene Winkellaminate repariert werden. Der Wassertank ist daran befestigt, daher sollten diese Teile schon vernünftig verankert sein. Ich habe neue Clam Cleats für die

Genuaschot montiert, die alten waren im Laufe der Jahre rund geschliffen. Unter Last rutschte die Schot immer mal wieder. Für die Sicherheit der Crew verbolzte ich im Cockpit noch für jeden von uns einen Augbolzen zum Einpicken der Lifelines. Für die Motorüberwachung wurden noch ein Abgastemperaturalarm sowie eine Motortemperaturanzeige installiert.

Wegen des milden Winters und den bereits im Februar/ März frühlingshaften Temperaturen konnte ich sogar mit den ersten Schönheitsreparaturen beginnen. Die Scheuerleiste, bisher mit irgendeinem Lack behandelt, wurde komplett abgezogen und geschliffen. Sie bleibt jetzt unbehandelt und darf in Ehren ergrauen. An Deck führte ich einige Gelcoatarbeiten aus. Dort waren im Laufe der Zeit einige Dellen ins Gelcoat geschlagen worden, außerdem habe ich einige nicht benötigte Beschläge und Stecker entfernt, deren Löcher jetzt wieder geschlossen werden mussten.

Nun haben wir April, das Boot kommt in einer Woche ins Wasser. In den zurückliegenden Jahren habe ich einiges geschafft und aus einer etwas heruntergekommenen Bandholm wieder ein zuverlässiges und optisch ansprechendes Boot gemacht, auf dem wir uns ganz sicher auch die nächsten Jahre wohl fühlen werden.

Natürlich sind noch einige Arbeiten zu erledigen, und es werden in Zukunft immer wieder mal ein paar hinzukommen, aber - das kriegen wir wieder hin!

Und so ging es weiter

In die Saison 2014 starteten wir mit einem Ostertörn. Vom 18. - 27. April durchstreiften wir die dänische Südsee. Das Wetter war überwiegend strahlend schön, der Wind aus östlichen Richtungen frisch und kalt. Während wir im Windschatten der Sprayhood im Hafen durchaus schon im T-Shirt sitzen konnten, waren beim Segeln Mütze, Schal und Handschuhe angesagt. Wenn man zu dieser Zeit segelt, sind noch nicht viele andere Boote unterwegs und in den Häfen ist immer Platz, egal wann man kommt. Die fehlende Liegeplatzsorge trägt deutlich zur Entspannung bei.

Besonders gespannt waren wir, ob der Drehflügelpropeller die hohen Erwartungen erfüllt. Die gleich nach dem Abslipen durchgeführte Probefahrt zeigte, dass die berechnete Voreinstellung der Anschläge in Ordnung war, der Motor erreichte bei Vollgas 3.500 U/min, was bei einer Höchstdrehzahl von 3.600 U/min innerhalb der zulässigen Toleranz liegt. Eine Veränderung des Wirkungsgrades konnten wir nicht feststellen, Drehzahl und Geschwindigkeit sind ähnlich wie beim Festpropeller.

Was anders war, waren die Geräusche, die der Propeller machte. Ab einer bestimmten Drehzahl hörte es sich wie ein Gurgeln an, das vorher nicht da war.. Ich befürchtete, dass es doch bei höheren Drehzahlen zu Kavitation kommt. Rückfragen beim Hersteller ließen aber als Ursache eher die etwas beengten Platzverhältnisse im Propellerbrunnen wahrscheinlich erscheinen. Eine endgültige Klärung wird erst nach dem Aufslipen im Herbst möglich sein.

Den Rest der Saison verbrachten wir mit Wochenendfahrten und Tagesausflügen bis das Boot am 01. Oktober 2014 wieder an Land stand. Die sofortige Inaugenscheinnahme des Propellers zeigte keinerlei Auffälligkeiten, lediglich die bewuchshemmende Beschichtung war an den Flügelenden inklusive der Grundierung komplett abgetragen. Auch dies, da waren sich die Experten sicher, eine Folge des engen Propellerbrunnens, was zu vermehrten Verwirbelungen und damit Abrieb führt. Egal, die Beschichtung kann man erneuern, Hauptsache Propeller und Boot erleiden keinen Schaden. Danach sah es aber, wie gesagt, nicht aus. Völlig begeistert waren wir von dem Umstand, den Motor jederzeit ohne weiteres starten zu können. Zu dem Mehr an Geschwindigkeit wegen des jetzt fehlenden Wasserwiderstandes des alten Festpropellers können wir mangels direkter Vergleichsmöglichkeit keine Aussage machen. Ganz sicher ist das Boot aber nun schneller als zuvor, und es "fühlt" sich gut an.

In diesem Winter 2014/2015 standen zwei Baustellen auf dem Programm. Da war zum einen der Teakbelag auf der Cockpit Süllkante, der im Laufe der Zeit von ursprünglich 10 mm Stärke an einigen Stellen auf nur noch 4 mm Stärke abgetragen war. Dies war, schon früh verabredet, eine Aufgabe für den Werftbetrieb Strüven, der, das will ich an dieser Stelle schon sagen, exzellent erledigt worden ist. Die Süllkante erstrahlt jetzt im neuen Glanz eines nunmehr 12 mm starken Teakholzbelages.

Die zweite Baustelle ergab sich eher zufällig. In einem dänischen Wassersportmagazin las ich, dass ab April 2015 auch in Schweden Fäkalientanks zwingend vorgeschrieben werden. Es besteht zwar keine Pflicht zur Nachrüstung, jedoch darf man das See-WC ohne Tank und entsprechende Absaugvorrichtung nicht mehr benutzen.

Nun gab und gibt es immer Segelkollegen, die da sagen, ist mir doch wurscht, wer will das kontrollieren. Natürlich kann man sich über viele Regelungen hinwegsetzen. Aber wir möchten gerne mal nach Schweden und ich habe Verständnis dafür, dass die Schweden ihre Gewässer, vor allem die großen Binnenseen, schützen wollen. Das ist im Übrigen in den Niederlanden auch nicht anders.

Ich wollte mich also nicht verweigern und suchte nach einer praktikablen Lösung. Schnell wurde klar, dass ein richtiger, angemessen großer Fäkalientank mit Absaugvorrichtung und zusätzlichen Y-Ventilen sowie Pumpen aus Platzgründen nicht in Frage kommt. Zusammen mit den Fachleuten der Fa. Kiesow überlegte ich mir eine andere Lösung.

Von verschiedenen Herstellern werden sogenannte Buffertanks angeboten. Das sind Fäkalientanks aus Polyäthylen, die direkt vor dem Bord-WC montiert werden. Unser Tank mit einem Volumen von 28 l verfügt über zwei Anschlüsse mit 38 mm Durchmesser für Schmutzwasser, und einen mit 16 mm Durchmesser zur Entlüftung. Ziel sollte es sein, ohne großen zusätzlichen Aufwand Abwasser in den Tank zu pumpen und diesen auch wieder leeren zu können - über eine Absaugvorrichtung und über die WC-Pumpe.

Dies erreichen wir, indem wir ein Drei-Wege-Ventil von der

Firma RM direkt an die Handpumpe der Bordtoilette angeflanscht haben. Dieses Ventil ermöglicht nun drei Funktionen:
- Pumpen direkt nach außenbords,
- Pumpen in den Fäkalientank und
- Entleeren des Fäkalientanks mit der Handpumpe der Toilette.

Für Letzteres muss einfach die Toilette mit dem mitgelieferten Handverschluss - Stopfen verschlossen werden. Vorteil: man benötigt keine weiteren Schlauchverbindungen, Y-Ventile und auch keine zweite Pumpe zum Abpumpen.

Fehlte nur noch ein maßgeschneidertes Steigrohr für den oberen 38 mm Anschluss, um über den an Deck montierten Absaugstutzen den Tankinhalt über eine Absaugstation an Land absaugen zu können. Eine Entlüftungsleitung mit Auslass nach draußen komplettierte die ganze Anlage.

Der Sommertörn 2015 bot nun Gelegenheit, alles einmal auf Herz und Nieren zu testen. Alles, inklusive des neuen gebrauchten Blisters, funktionierte wie geplant und ermöglichte uns einen sicheren und komfortablen Törn, der uns von der Schlei über Bagenkop, Fehmarn und Kühlungsborn zur Hanse Sail nach Rostock Warnemünde führte. Für den Rückweg wählten wir die Route über den Guldborgsund, Smålandsfahrwasser und Langeland wieder in die Schlei.

Im aktuellen Winterhalbjahr 2015/2016 beschäftige ich mich mit der Überarbeitung des hölzernen Innenausbaus. Einer der Vorbesitzer hat das schöne Holz mit einer Lasur behandelt, die Farbpigmente enthielt. Dadurch wurde das ohnehin schon dunkle Holz noch dunkler, außerdem wurde die schöne Maserung zu einem großen Teil verdeckt. Das bedeutet, die alte Beschichtung muss komplett abgezogen und geschliffen werden, bevor eine neue Beschichtung bestehend aus mehreren Anstrichen mit einem seidenmatten Boots- und Parkettlack aufgetragen werden kann. Viel Arbeit, die mich noch einige Zeit beschäftigen wird.

Nicht geplant war eine notwendige Reparatur des Ruderblattes. Am Übergang Ruderschaft - Ruderblatt zeigten sich Risse an der Ruderblattvorderkante, hervorgerufen durch eingedrungenes Wasser. Bei der Frage, wie das Ruder überhaupt ausgebaut werden kann bekam ich mal wieder wertvolle Informationen von meinen Ansprechpartnern aus der Bandholmvereinigung. Der Ausbau war dann doch nicht so schlimm, wie befürchtet. Ruder und Ruderkopfbeschlag sind einfach abzubauen, das war in ein paar Minuten von mir erledigt. Der untere Ruderbeschlag ist an einem Stehbolzen mit einer Mutter von unten befestigt. Nach Lösen der Mutter und des Beschlages kann man das Ruder nach unten herausziehen. Dabei und bei der Reparatur des Ruders wurde bzw. werde ich wieder unterstützt von Herrn Strüven vom Werftbetrieb Strüven.

In den zurückliegenden Jahren habe ich viel an dem Boot gemacht. Von unvorhergesehenen Arbeiten (siehe Ruderblatt) einmal abgesehen, wird sich der künftige Aufwand nach und nach auf den üblichen Erhaltungsaufwand reduzieren, wie es sich bereits in diesem Winter abzeichnete. Aber es hat sich gelohnt, wir haben ein zwar altes, aber doch zuverlässiges Boot, mit dem wir noch einiges unternehmen werden.

Bandholm 28 – Technische Daten

Konstrukteur	Knud Olson
Takelungsart	15/16 Sloop
Bauweise	GFK
Länge ü.A.	8,60 m
Länge Wasserlinie	7,20 m
Breite	2,80 m
Tiefgang	1,50 m
Verdrängung	3,6 to
Ballast	1,6 to
Ballastanteil	44,4 %
Segelfläche am Wind	35,43 m²
Großsegel	17,06 m²
Fock	18,37 m²
Genua 1	28,87 m²
Genua 2	24,67 m²
Spinnaker	56,10 m²
Blister	50,00 m²
Anzahl der Kojen	5 – 6
Wassertank	135 l
Dieseltank	40 l
Theo. Rumpfgeschwindigkeit	6,5 kn
Längen/ Breitenverhältnis	3,7/1

Segelplan

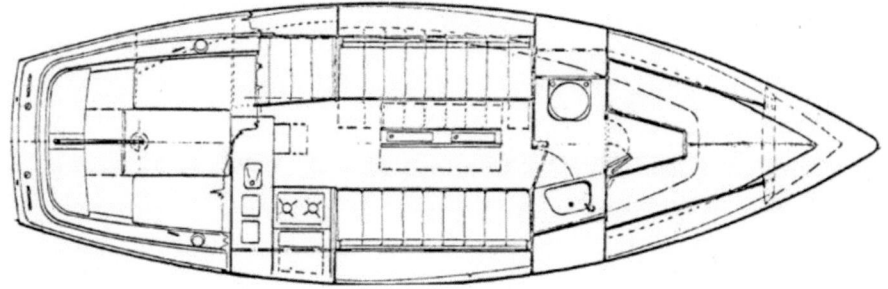

Riss oben

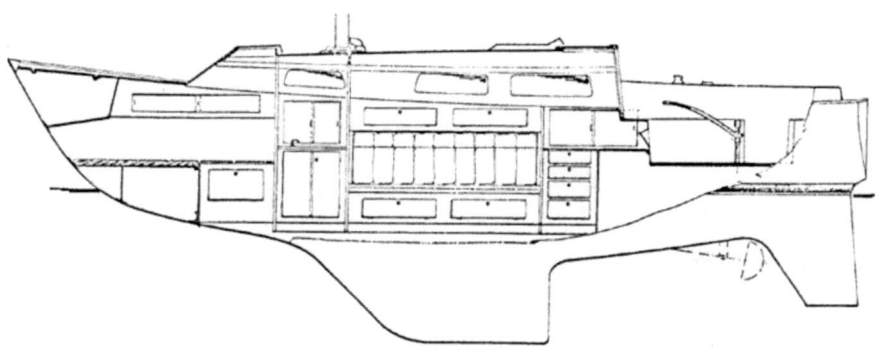

Riss Seite

Die Ausrüstung der „Lagom"

Maschine
Yanmar 3GM30F, 3 Zylinder mit max. 27,3 PS (20,1KW) bei 3.600 Umdrehungen
3 flügeliger Drehflügelpropeller, Durchmesser 16 Zoll, max. Drehzahl 1063 Umdrehungen
Wechselstromgenerator 12 V, 55 A

Lenzpumpen
Handlenzpumpe Whale Gusher 10
Automatikpumpe Rule Mate RM 1100

Elektrik
1 Starterbatterie 55 Ah
1 Verbraucherbatterie 90 Ah
Landstromanschluss
Ladegerät WAECO Perfect Charger IU 152 A
Solarmodul Cleversolar SPR 30, 30 WP, 12 V, 150 Wh/Tag

Navigationsausrüstung
Wetterempfänger NASA Target 147
GPS Furuno GP 32
Kartenplotter Geonav 7 wide
Echolot/ Log Echopilot Bronze Trio
Fernglas Compass Binocom 7 x 50
Kompass Plastimo Contest 101

Handpeilkompass Silva 70 UNE
Handwindmesser Kaindl Windmaster 2
Hand GPS Magellan 320
2 Schiffsuhren
Barometer, Comfortmeter
Autopilot Autohelm ST 2000

Funkausrüstung
DSC UKW Navman 7100
CB - Funkgerät Albrecht AE 4200

Nautische Bücher
Hafenhandbücher
Revierführer Ostsee
Yachtfunkdienst
BSH Karte 1 (Int 1)
Verzeichnis Wegepunkte

Sicherheitsausrüstung
Automatik Rettungswesten mit Lifebelt, Strecktaue an Deck
Bergeschlaufe Compass Rescue Harness
Handscheinwerfer
Nico Signalgeber
Fallschirmraketen, Handfackeln
1 Feuerlöscher Pulver 2 kg
1 Feuerlöscher Schaum 2 kg
Löschdecke

Heizung
Refleks Ölofen 66M
Elektroheizung Keramikheizer Thermal Plus

Sanitär
See-WC Jabsco Kompakt
Fäkalientank 28 Liter

Anker
Bügelanker 14 kg
Klappdraggen 10 kg

Danksagung

Ein neues Schiff in der Größe um 28 Fuß, wenn so etwas denn
überhaupt noch angeboten wird, konnten wir uns nicht leisten.
Dies und der Umstand, dass wir einen Faible für eher
klassische Formen und Linien haben, führte uns zu der
Entscheidung, ein älteres gebrauchtes Boot anzuschaffen. Wie
beschrieben, gelangten wir so zu der Bandholm 28.

Ein solches Projekt, eine altes Boot technisch und optisch
wieder aufzufrischen, ist nicht ganz ohne Hilfe zu
bewerkstelligen. Daher an dieser Stelle meinen Dank an alle,
die mir auf meinem Weg geholfen haben.

Zuallererst natürlich meine Frau Andrea, die sämtliche
Entscheidungen mitgetragen und mich immer unterstützt hat.
Dann meine Freunde Ingo und Peter, auf die ich mich immer
verlassen konnte. Toni, dessen positives Urteil Voraussetzung
für alles weitere war. Michel, der mir große Sorgen abnehmen
konnte. Den Firmen Kiesow (Motor), Ancker (Rigg und
Winterlager), Janssen & Renkhoff (Bootsbau), bei denen ich
mich immer gut aufgehoben gefühlt habe. Herrn Strüven vom
Werftbetrieb Strüven, der mich aus einer Notlage gerettet hat.
Herrn Wittorf von der Firma Nav-Tronic, dem ich neue
Fähigkeiten verdanke. Und nicht zuletzt die Firma Yachtsport
Eckernförde, deren Mitarbeiter mir immer mit Rat und Tat zur
Seite standen, wenn es darum ging, die passende Ausrüstung,
die erforderlichen Ersatzteile und das richtige Material zu
besorgen. Wertvolle Unterstützung habe ich auch von den
Mitgliedern der Bandholmvereinigung erfahren. Sollte ich
jemanden vergessen haben, bitte nicht böse sein.

Abbildung 1:   Besichtigung innen

Abbildung 2: Der defekte Wassersammler

Abbildung 3: Austausch der Fenster

Abbildung 4: Der Salon: vorher

Abbildung 5: und nachher

Abbildung 6: Fertig zum Slipen

Abbildung 7: Schon recht gemütlich

Abbildung 8: Vor dem Maststellen

Abbildung 9: Bereit zur ersten Fahrt

Abbildung 10: Heile angekommen

Abbildung 11: Wieder an Land

Abbildung 12: Unser ausgebauter Motor

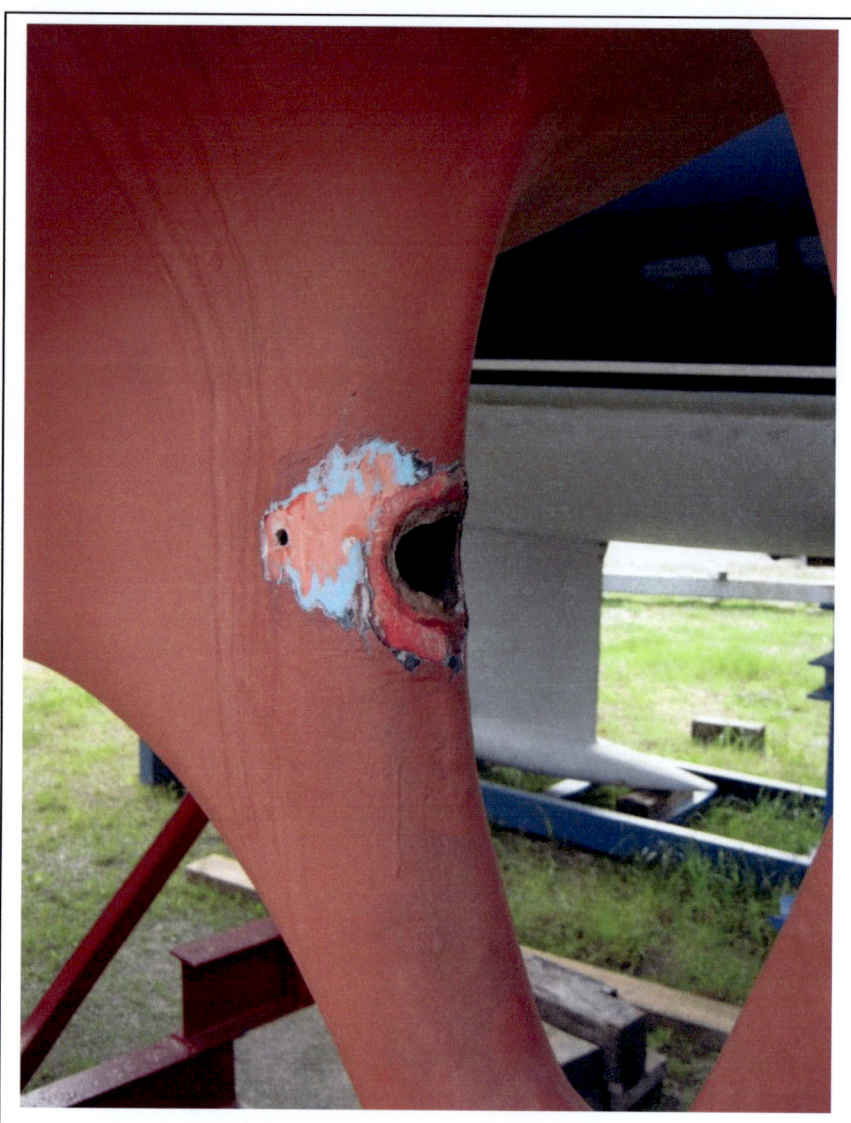

Abbildung 13: Das Stevenrohr ist ausgebaut

Abbildung 14: Die "Havhingsten"

Abbildung 15: Fynshav

Abbildung 16: Neues Groß?

Abbildung 17: Neue Sprayhood

Abbildung 18: Elektroschrott

Abbildung 19: Die neuen Sammelschienen

Abbildung 20: Die neue Navi-Ecke

Abbildung 21: Endlich unterwegs

Abbildung 22: Die "Svea"

Abbildung 23: Weiter Richtung Norden

Abbildung 24: Samsö

Abbildung 25: Begegnung mit einem Tanker

Abbildung 26: Unsere Pokerrunde

Abbildung 27: Grillen in Kerteminde

Abbildung 28: Ansteuerung Store Belt Broen

Abbildung 29: Nyborg

Abbildung 30: Nördlich Als

Abbildung 31: Vor Anker in der Mjelsvig

Abbildung 32: Kurs Heimat

Abbildung 33: Vor Schleimünde

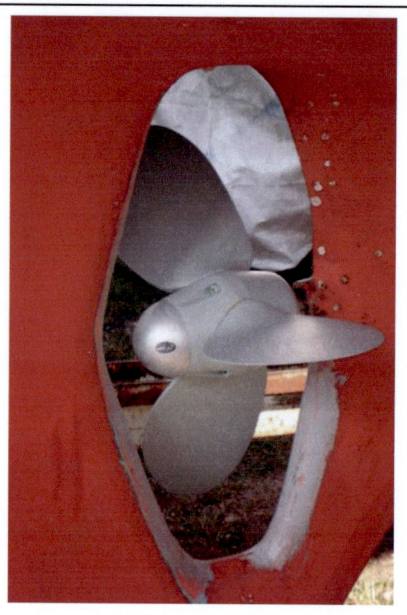

Abbildung 34: Der neue Drehflügelpropeller

Abbildung 35: Neue Instrumente zur Motorenüberwachung

Abbildung 36: Neues Teak-Cockpitsüll

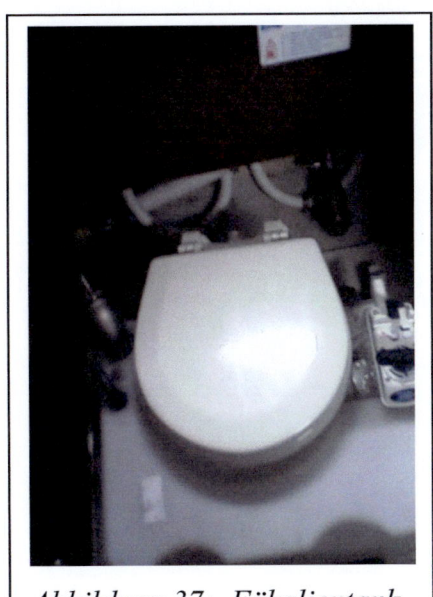

Abbildung 37: Fäkalientank

Abbildung 38: Unterwegs mit dem neuen Blister

Abbildung 39: Ruderschaden

Abbildung 40: Stehbolzen

Abbildung 41: Salon, z.T. neu lackiert